"十三五"中等职业教育部委级规划教材

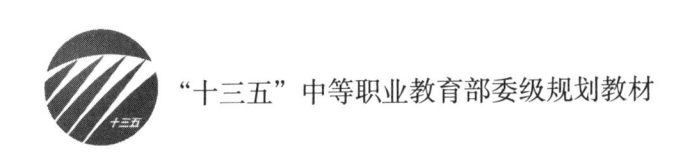

服装生产文件管理实训

吴 萍 主 编
丁洪英 副主编

国家一级出版社　中国纺织出版社　全国百佳图书出版单位

内容提要

本书是在调查研究的基础上，围绕育人目标，突出实践环节，深化改革、大胆创新开发的立体化教材体系之一。本书共分为八章，主要包括绪论、服装生产技术文件、服装生产物料技术文件、服装生产通知单、服装生产流程和工序分析、服装生产工艺卡、服装生产质量检验技术文件、服装包装技术文件的编写内容。通过教学与实践，使学生在校期间就能了解企业的实际运作流程，从而在踏上工作岗位以后，实现与企业的零距离对接。

本教材系统完整地展示了服装生产的全过程，对主要环节进行了全面细致的阐述，力求适应服装高等教育改革和服装工业快速发展的需要。

图书在版编目（CIP）数据

服装生产文件管理实训 / 吴萍主编. —— 北京：中国纺织出版社，2018.12

"十三五"中等职业教育部委级规划教材

ISBN 978-7-5180-0783-7

Ⅰ.①服… Ⅱ.①吴… Ⅲ.①服装工业 – 生产管理 – 文件 – 中等专业学校 – 教材 Ⅳ.① F407.866.2

中国版本图书馆 CIP 数据核字（2014）第 147543 号

责任编辑：朱冠霖　　特约编辑：朱佳媛
责任校对：王花妮　　责任印制：何　建

中国纺织出版社出版发行
地址：北京市朝阳区百子湾东里A407号楼　邮政编码：100124
销售电话：010—67004422　传真：010—87155801
http：//www.c-textilep.com
E-mail：faxing@c-textilep.com
中国纺织出版社天猫旗舰店
官方微博 http：//weibo.com/2119887771
北京玺诚印务有限公司印刷　各地新华书店经销
2018年12月第1版第1次印刷
开本：787×1092　1/16　印张：8.25
字数：175千字　定价：42.00元

凡购本书，如有缺页、倒页、脱页，由本社图书营销中心调换

序

　　经济发展、社会进步引领着职业教育的改革与发展，职业教育的改革与发展助推着经济发展、社会进步。国家中等职业教育改革发展示范学校建设指导着我国中等职业教育的改革。2011年，我校列入国家中等职业教育改革发展示范学校立项建设计划。这既是推动学校内涵发展的良好契机，更是挑战学校发展能力的严峻考验。

　　优化职业教育人才培养模式既是国家中等职业教育改革发展示范学校建设的重要内容，更是职业教育适应经济发展、社会进步的必然要求。人才培养模式包括教育思想、培养目标、课程模式、教学形式等多种要素，而课程模式则是人才培养模式改革之核心。

　　职业教育长期受普通教育观、传统学校观的影响，课程模式中学术化倾向比较严重。这种学术化倾向主要表现为课程体系采用文化基础课、专业理论课和专业实践课的"三段式"结构与顺序展开，课程内容按照知识的学科分类逻辑排序，课程的实施按照"理实分离"方式进行。这种课程模式既不符合"以形象思维见长"的职校生认知特点，也不利于他们在学习过程中职业能力的形成。因此，职业教育课程模式改革势在必行、时不我待。

　　作为浙江省首批中等职业教育课程改革基地学校，近几年来我校一直致力于职业教育课程改革的实践，取得了良好成绩。2011年，经省职教教研室评选后选送教育部的36种优秀校本教材中，我校就占了6种。更可喜的是，课程改革实践增强了我校教师课程开发的意识，提高了教材编写的能力。

　　"职业导向、分类培养"是我校示范校建设中人才培养的价值追求；"学做一体、阶段递进"是我校示范校建设中课程改革的行动指南。本次开发的校本教材是我校改革发展示范校四大重点专业课程改革的实验教材。这些教材体现着我校教学改革的文化脉络，凝聚着重点骨干专业全体教师的心血，是我校示范校建设课程改革实践的显性成果。本批教材充分呈现了"教学内容具有现代性和实用性；知识逻辑具有层次性和技术性"的特点，积极贯彻了"工作过程导向、理实一体、行知合一"的职业教育新课程改革理念。它们既符合职业教育的改革方向，也反映着专业技术的发展趋势。它们是教师组织教学的"良师"，也是学生自主学习的"益友"，更是职业教育专业课程园地里的一朵朵崭新的"小花"。

　　"不变"是蓄势待发的瞬间，"变"才是永恒不变的主题。示范校改革的方向已明、号角已响。让我们秉承"敬精"校训，以更高的热情、更强的意志、更坚定的步伐投身于改革发展示范校建设的"攻坚战"，献身于职业教育改革发展的"持久战"。

校长　贺陆军

2018年8月20日

前言

随着现代科学技术和信息技术的飞速发展，近几年服装工业得到了迅猛的发展，我国是一个服装大国，却不是服装强国，如何运用先进的理念、科学的方法，对企业的一些技术文件进行系统的管理与编制，使服装企业的生产要素得到优化配置，产生更大的经济效益，是值得我们深思的。

"以服务为宗旨、以就业为导向"，按职业岗位需要设置职业技能型模块和编写教材，加强与职业资格标准的衔接，贴近企业，根据生产实际设置各工种的技能和操作规程要求，是深化职业教育教学改革，推动职业教育质量和效益提高的一项重要任务，同时也将有效提高学生全面职业能力和综合素质，以满足社会就业市场、职业岗位的需求。

本书的编者利用业余时间走访了大量的工厂、企业，搜集了大量的第一手资料，并做了大量的访问工作，结合实际情况、参考有关资料、进行归纳总结，系统地介绍了服装生产技术文件中的各个知识点的基本理论和应用方法，在内容上力求系统和实用。

本书适用于高三就业班的模块教学，在内容选择上都是企业真实的订单，结合服装企业生产模式，从服装生产文件的概述、编写、物料、生产通知单、生产流程和工序分析、工艺卡的编写、质量检验到最后的包装，贯穿于整个企业的各个部门，体现了能力目标的培养。教学目标同就业实践课程体系相结合，体现了"以能力为本位、以适应为目的"的职业教育思想，更好地为学生的就业和创业提供服务，体现了中职服装教育与企业接轨的显著特色。

本教材运用了大量的企业真实案例，使学生真切地了解到服装企业中生产技术文件管理的严密性，达到触类旁通的效果。

本教材由吴萍老师担任主编，负责全书的统稿和修改；丁洪英老师担任副主编，负责本书的技术把关工作。

由于编写的时间较仓促，编者的水平有限，书中难免有欠缺、错误之处，尚不能尽如人意，敬请各位读者以及专家批评指正，提供宝贵意见。

编 者

2018年8月

目录

第一章　绪论 ··001

　第一节　服装生产技术文件概述 ···001

　　一、服装生产技术文件的定义 ···001

　　二、服装生产技术文件的作用 ···001

　　三、服装生产技术文件流程图及各部门分工 ···001

　第二节　服装生产技术文件的编制依据与要求 ···002

　　一、编制服装生产技术文件的依据 ···002

　　二、编制服装生产技术文件的要求 ···002

　第三节　服装生产技术文件编写员的工作特性及素质要求 ···003

　　一、服装生产技术文件编写员的工作特性 ···003

　　二、服装生产技术文件编写员的素质要求 ···003

第二章　服装生产技术文件的编写 ··004

　第一节　服装生产工艺单的编写内容和作用 ···004

　　一、服装生产工艺单的编写内容 ··004

　　二、服装生产工艺单的作用 ··004

　　三、服装生产工艺单的编写人员与各部门的工作关联 ··004

　第二节　服装生产工艺单分析示例 ··005

　第三节　服装生产工艺单编写示例 ··006

　　一、休闲衬衫工艺单编写示例 ···006

　　二、牛仔裤生产工艺单编写示例 ··009

　　三、休闲裙生产工艺单编写示例 ··016

第三章 服装生产物料技术文件编写·················025

第一节 服装生产物料的分类及主要内容·················025
一、服装生产物料的分类与管理·················025
二、服装生产物料管理的组织形式·················026
三、服装生产物料管理的"五适"要求·················027

第二节 服装生产物料单分析示例·················028
一、休闲裤生产物料单分析示例·················028
二、休闲衬衫生产物料单分析示例·················030
三、牛仔裤生产物料单分析示例·················033

第四章 服装生产通知单技术文件编写·················041

第一节 服装生产通知单定义与组成部分要求·················041
一、服装生产通知单定义·················041
二、服装生产通知单各组成部分要求·················041

第二节 服装生产通知单分析示例·················042
一、女婴爬爬衫生产通知单分析示例·················042
二、男式休闲衬衫生产通知单分析示例·················047
三、女式风衣生产通知单分析示例·················052

第五章 服装生产流程和工序分析编写·················057

第一节 服装生产流程图的构成与设计·················057
一、服装生产流程图的构成与设计·················057
二、服装生产流程图的常用符号·················057
三、服装生产流程图的表示·················059

第二节 服装生产工序分析编写·················061
一、服装生产工序定义与分析·················061
二、服装生产工序分析的种类特征与工序分析方法·················062
三、服装生产工序分析注意事项·················067

第三节 服装生产工序分析编写实例··067
一、牛仔裙生产工序分析示例··067
二、休闲男衬衫生产工序分析示例···070
三、休闲牛仔裤生产工序分析示例···074

第六章 服装生产工艺卡的编写···076
第一节 服装生产工艺卡的定义与作用··076
一、服装生产工艺卡的定义与作用···076
二、服装生产工艺卡的组成、企业术语以及示例···076
第二节 服装生产工艺卡制作实例···080
一、男衬衫生产工艺卡制作实例··080
二、女衬衫生产工艺卡制作实例··082
三、女休闲裤生产工艺卡制作实例···083

第七章 服装生产质量检验技术文件编写···086
第一节 服装生产质量检验定义以及标准··086
一、服装生产质量检验的定义··086
二、服装生产质量检验标准···086
第二节 服装生产质量检验的方式及步骤··086
一、服装生产质量检验的方式··086
二、服装生产质量检验的依据与步骤··087
三、服装生产质量检验的项目··087
四、服装生产质量检验各部位分析表··090
第三节 服装生产质量检验分析示例··093
一、西短裤的生产质量检验分析示例··093
二、冲锋衣的生产质量检验分析示例··099

第八章 服装包装的技术文件编写·······106

第一节 服装包装的功能以及分类·······106
一、服装包装的功能·······106
二、服装包装的分类·······106

第二节 服装包装的材料与部门·······107
一、服装包装的容器和材料·······107
二、服装的包装部门以及包装方法·······108

第三节 服装包装实例分析·······110
一、连衣裙包装分析示例·······110
二、T恤衫包装分析示例·······112
三、纸箱包装分析示例·······114
四、装箱单制作分析示例·······117

参考文献·······122

第一章　绪论

第一节　服装生产技术文件概述

工业化生产的服装，又称为成衣，解决了人们日常穿衣的问题。这种服装的产量一般较大、品种较多，以满足不同的用途和市场的需求。服装企业在服装生产过程中，在试制的服装样衣经确认批量投入生产前，应制订具体组织和指导生产的相关技术文件。服装企业因规模、生产能力及生产品种等条件的不同，生产技术文件的形式和种类也不尽相同，如生产制单、工艺单、备料单等。

服装大货生产前所做的一系列准备工作，包括工艺单的编写、根据客户提供的样衣以及技术科产前样的制作，制订一系列的工艺技术文件用来指导大批量（俗称大货）生产等。

一、服装生产技术文件的定义

服装生产技术文件是指导服装生产和检验产品质量的技术法规，是使服装生产符合产品的规格要求和质量要求、合理利用原材料、高效率进行生产经营活动的保证。

服装生产技术文件包括生产工艺单、物料单、生产通知单、生产流程和工序分析、质量检验文件、包装文件等内容，我们将分章逐一介绍。

二、服装生产技术文件的作用

服装生产技术文件是最重要、最基础的技术文件，它反映了产品工艺过程的全部技术要求，是指导产品加工和工人操作的技术法规，是贯彻执行生产工艺的重要手段，是产品检验的依据。

三、服装生产技术文件流程图及各部门分工

1. 服装生产技术文件流程如图1-1所示。
2. 各部门分工：

（1）技术部：根据客户提供的款式进行打板、封样、编写工艺流程等工作。负责对客户提供的样衣进行制板、封样、核料、编写工艺单等相关技术性的工作。

（2）采购部：根据样衣款式采购相应的面辅料。主要负责对客户的样衣进行面料的打样，对所要生产的大货款式进行面辅料打样、采购等相关工作。

（3）生产部：根据技术部提供的工艺单进行款式的大货生产。根据客户确定的样衣，按照要求进行生产。

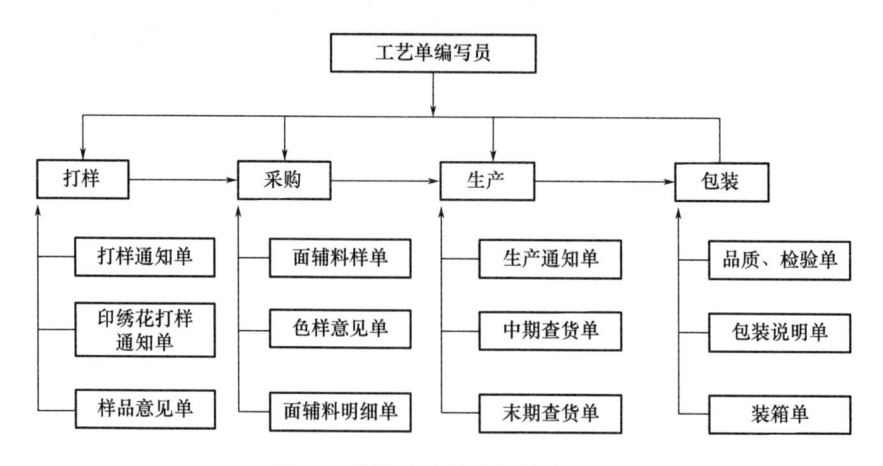

```
                    ┌─────────────┐
                    │ 工艺单编写员 │
                    └──────┬──────┘
         ┌────────┬────────┼────────┬────────┐
      ┌──┴──┐  ┌──┴──┐  ┌──┴──┐  ┌──┴──┐
      │ 打样 │  │ 采购 │  │ 生产 │  │ 包装 │
      └──┬──┘  └──┬──┘  └──┬──┘  └──┬──┘
         │        │        │        │
    ┌────┴────┐ ┌─┴────┐ ┌─┴────┐ ┌─┴──────┐
    │打样通知单│ │面辅料样单│ │生产通知单│ │品质、检验单│
    └─────────┘ └──────┘ └──────┘ └────────┘
    ┌─────────┐ ┌──────┐ ┌──────┐ ┌────────┐
    │印绣花打样│ │色样意见单│ │中期查货单│ │包装说明单│
    │  通知单  │ └──────┘ └──────┘ └────────┘
    └─────────┘ ┌──────┐ ┌──────┐ ┌────────┐
    ┌─────────┐ │面辅料明细单│ │末期查货单│ │ 装箱单 │
    │ 样品意见单│ └──────┘ └──────┘ └────────┘
    └─────────┘
```

图1-1　服装生产技术文件流程图

（4）包装部：根据客户提供的包装要求，完成对产品检验、包装以及出货等工作。依据客户的包装要求对产品进行质检、整理、装箱，保证产品顺利出货。

第二节　服装生产技术文件的编制依据与要求

一、编制服装生产技术文件的依据

（1）依据客户提供的样品及有关资料或者本企业试制的确认样。
（2）依据各合同单指定的规格、款式、型号及生产批量。
（3）依据本企业现有的专用设备。
（4）依据客户提出的补充意见及销售地区的体型差异和风土人情特点。

二、编制服装生产技术文件的要求

1. 要求技术文件的完整性

主要是指文件内容的完整性，必须涵盖所有工序。按照生产流程分为前期准备文件、裁剪文件、缝制过程文件、熨烫文件、包装文件等。

2. 要求技术文件的准确性

作为生产技术文件必须准确无误，不能含糊不清、模棱两可。主要包括以下内容：

（1）图文并茂、一目了然。文字难以表达时，可配图解，并辅以数据说明。
（2）措辞严谨、准确，逻辑性强。仅围绕工艺要求、目的和范围撰写，文字不啰嗦。在说明工艺方法时，必须说明工艺部位如前身、后背、里子、袖子等。
（3）术语统一。生产技术文件的全部术语必须执行国内统一的号型标准和专业术语，

3. 要求技术文件的适应性

制订服装生产技术文件必须符合市场经济及本企业实际生产情况。主要包括以下内容：

（1）生产技术文件要与我国技术政策及国家颁发的服装标准规定的要求相适应。
（2）生产技术文件要与产品销售地区人群的体型特点和风土人情相适应。

（3）生产技术文件要与本产品批量大小、繁简程度、交货日期、现有的专用设备条件、工人的技术熟练程度、生产环境、生产场地以及生产能力相适应。

4. 要求技术文件的可操作性

服装生产技术文件的制订必须以企业产前样的生产工艺及最后的检定意见为生产工艺的依据。文件应具有可操作性和先进性，未经试验的原辅料和操作方法，均不可列入工艺文件。

第三节 服装生产技术文件编写员的工作特性及素质要求

一、服装生产技术文件编写员的工作特性

服装生产技术文件编写员的工作，几乎涉及企业的每一个部门，从业务部、技术部、采购部、生产部、包装部，都会有生产技术文件编写员的身影出现，其工作特点是复杂的、全方位的。

1. 责任大

技术文件是企业的核心，客户是企业的上帝，做好技术文件的编写与客户的工作责任重大。

2. 沟通与协调

生产技术文件编写员的工作涉及各个部门，沟通协调能力特别重要。

3. 工作节奏快速、多变

企业的订单款式变化多，客户需求多样，生产技术文件编写员必须提高工作效率。

4. 工作综合性强

生产技术文件编写员的工作涉及所有部门，由此决定了其工作的综合性，对外执行的是与客户的沟通协调能力，对内执行的是各部门的指导与协调。所以，服装生产技术文件编写员必须熟悉产品的所有信息。

二、服装生产技术文件编写员的素质要求

生产技术文件编写员的工作性质与特点决定了从业人员的素质要求。

1. 分析能力

可以分析产品的特点和客户的特点，以便能够准确地编写出产品的技术文件。

2. 专业知识

对产品要熟悉，了解产品的生产工艺流程及特点，便于和企业各部门的人员进行沟通。

3. 沟通能力

有口才、有技巧。

4. 法律知识

了解合同法等与技术文件编写有关的法律知识，做到知法、守法、懂法、用法。

5. 职业素养

有耐心，工作细心，能够从事繁琐重复的文件梳理与编写工作。

第二章　服装生产技术文件的编写

生产工艺单是服装生产技术文件中最主要也是最关键的内容。本章对生产工艺单的编写作详细讲解。

第一节　服装生产工艺单的编写内容和作用

服装生产工艺单是对服装产品的加工步骤和加工方法的指导性文件，是服装企业劳动作业、工艺准备和原材料供应等工作的技术依据。包括服装号型规格、熨烫知识、裁剪要求、面辅料要求及数量要求等。

一、服装生产工艺单的编写内容

服装生产工艺单是进出口产品检验时提供的一整套详细资料，它主要包括以下内容：出口合同号、商品名称、款号、规格、数量、生产日期、检验执行的标准、工艺的具体要求、产品设计图形、包装要求、设计和复核人员签字并加盖生产企业公章等。

二、服装生产工艺单的作用

它是检验员对该批货物作出合格与否的重要依据之一，是生产过程中每个操作工序的技术要求，在服装大批量生产中起着举足轻重的作用。

三、服装生产工艺单的编写人员与各部门的工作关联

工艺单编写人员在服装生产过程中要与各个部门相互协调、相互沟通，并给客户确认，方可进行修改，如图2-1所示。如果在生产过程中遇到问题，必须告知各个部门的负责人，以免影响大货生产。

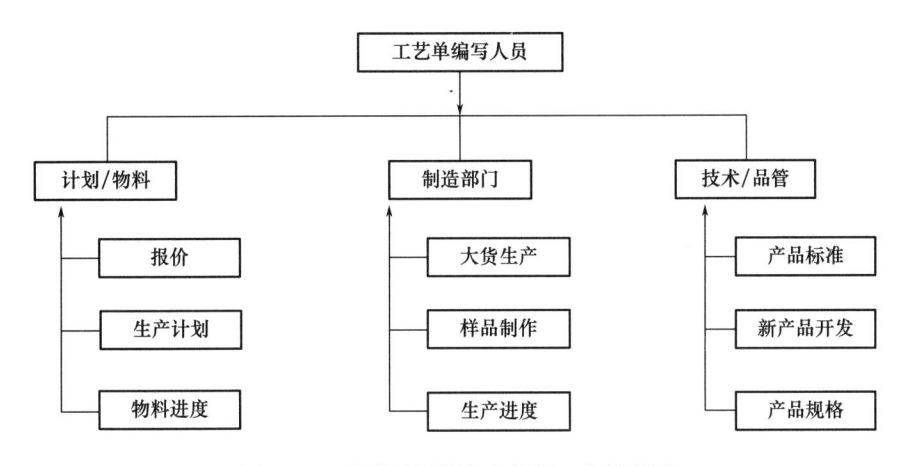

图2-1 工艺单编写员与各部门工作关联图

第二节 服装生产工艺单分析示例

以女休闲中裤生产工艺单为例进行分析（图2-2）。

款号：Wk-08023				名称：女休闲中裤		下单工厂：华夏制衣有限公司			完成日期：2007-12-14		
款式图				面辅料小样：		面辅料配备					
						名称	货号	门幅(规格)	单位用量	名称	货号	单位用量
						面料		144cm	1m	尺码标		1
						里布				明线	配色	11m
						粘衬		110cm	70cm	暗线	配色	11m
						袋布			52cm	吊牌		1
正面 背面						工字扣		直径1.6cm	1	洗水唛		1
规格表 单位：cm	部位	尺码				粘衬部位：腰面，门里襟，裤腰襻，袋盖，抽带条，脚口襻，单嵌条	工艺缝制要求： 明线针距：11针/3cm 暗线针距：12针/3cm					
		S	M	L	XL		1. 上腰要求刀眼对准后中缝，前后腰缝份对准两侧缝，不错位、不拉斜、不扭掉，做好平整服帖，腰头四周缉0.1cm宽明线，腰宽窄一致，有0.1cm里外匀。 2. 袋口做平整、服帖、不拉开，弧度圆顺，袋口缉0.6cm明线；后袋四角方正，袋角无褶、无毛出，四周0.1cm明线，袋盖上缉0.6cm明线 3. 门里襟长短一致，门襟长12cm，缉3.5cm宽单线一道，缉线顺直，封口处无起吊，拉链不外露 4. 内侧缝、后片缝割处、前后下档缝缉0.6cm宽明线 5. 侧缝腰头下的抽带条和脚口襻来去缝，缉0.6cm明线，位置准确、左右对称 6. 裤腰襻长宽窄一致，位置准确对称 7. 所有缝份用配色涤纶线，线迹要求底面线均匀，不跳针、不浮线 8. 商标为折标夹缝于腰后中，尺码标位于商标左端(以穿着者为依据)						
	裤长	53	55	57	59							
	腰围	68	72	76	78							
	臀围	94	98	102	106							
	斜插袋	15.5	16	16.5	17	裁剪要求： 1. 裁片注意断层、色差、色条、破损，尽可能避免面料的色差和疵点 2. 纱向要顺直，不要倾斜							
	腰宽	3.5	3.5	3.5	3.5							
	裤腰襻	8.5	8.5	8.5	8.5							
	脚口宽	20.5	21	21.5	22							

制单： 审核： 日期：2007-12-14

图2-2 女休闲中裤生产工艺单示例

第三节 服装生产工艺单编写示例

一、休闲衬衫工艺单编写示例（图2-3）

款式名称：中袖衬衣(春装)　　　　　　　　　　　　　　　　　　　　　　　　单位：cm

规格 部位	S	M	L	XL	款式图：	缝制工艺和质量要求
后中长	56	58	60	62		1. 前中开衩，门里襟宽3.6cm(含嵌条)，边沿夹嵌条0.6cm，前胸贴袋位置按纸样，四周密拷，袋口外贴条宽0.8cm，中间打细褶，边沿切线0.6cm前下收省处打细褶，褶量均匀，褶好后尺寸按纸样标注 2. 后片分割处夹有嵌条0.6cm，中间打细褶，前后按刀眼收省 3. 装袖对好刀眼，袖窿圆顺，袖克夫净宽3.5cm，装袖口夹嵌条0.6cm，边沿切线0.1cm，袖口叠门宽3cm 4. 上下领子切线0.1cm，领角对称 5. 右侧缝装隐形拉链，上方距腋下点2cm，下方距下摆6cm，拉链两头用本布包光，拉链平服
胸围	88	92	96	100		
下摆	74	78	82	86		
袖长	30	31	32	33		
袖口(扣好后)	25.5	26.5	27.5	28.5		
肩宽	37	38	39	40		
锁钉要求	1. 钉枪色20#组扣9颗+1颗备用 2. 锁20#组眼9个 3. 备用袋1个		整烫要求	常规整烫即可	备注	1. 用配色涤纶线做 2. 粘衬：领面，门里襟面，袖口面 3. 针距：13－14针/3cm	

图2-3　服饰生产工艺单

（一）款式图绘画

1. CorelDRAW定义

在众多服装辅助软件中，CorelDRAW以其精确、便利的操作，简单明晰的界面风格，以及灵活性的特点，受到许多人的青睐。使用CorelDRAW提供的绘图工具，根据需要进行参数化设置，调节轮廓笔的粗细、虚实、颜色等，也可调节画笔的粗细、浓淡、肌理等，基本能达到手工绘制的效果。丰富多彩的色彩系统，多种的选色方法使CorelDRAW得到了普及。运用各种特殊效果的绘图工具更是可以将服装各部分的颜色、纹理等进行调整，直到满意为止，如图2-4所示。而且齐备的绘图辅助功能，使我们在进行服装样板的定位、标注、排料等环节的处理上得心应手，效率高而准确。

2. 绘画者要求

在企业中女衬衫的款式图绘制主要运用于设计部或者客户提供的样衣，以便技术部可以清楚明了地看清款式的每个部位并进行工艺单的编写。要求绘画者必须有平面款式图绘制基础，因为在软件里对形体和比例的把握都是要靠自己熟练的眼光去衡量，没有绘画基础的话，线条的粗细、美观都不能达到完美，会给技术部的制板人员造成误解，一个部位的比例不正

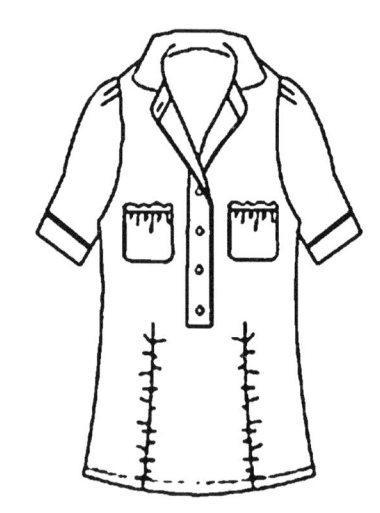

图2-4　CorelDRAW绘图

确会影响到整件衬衫的比例，因此对绘画者的绘画技能要求比较高。列举用CorelDRAW绘制的款式示例图如图2-5所示。

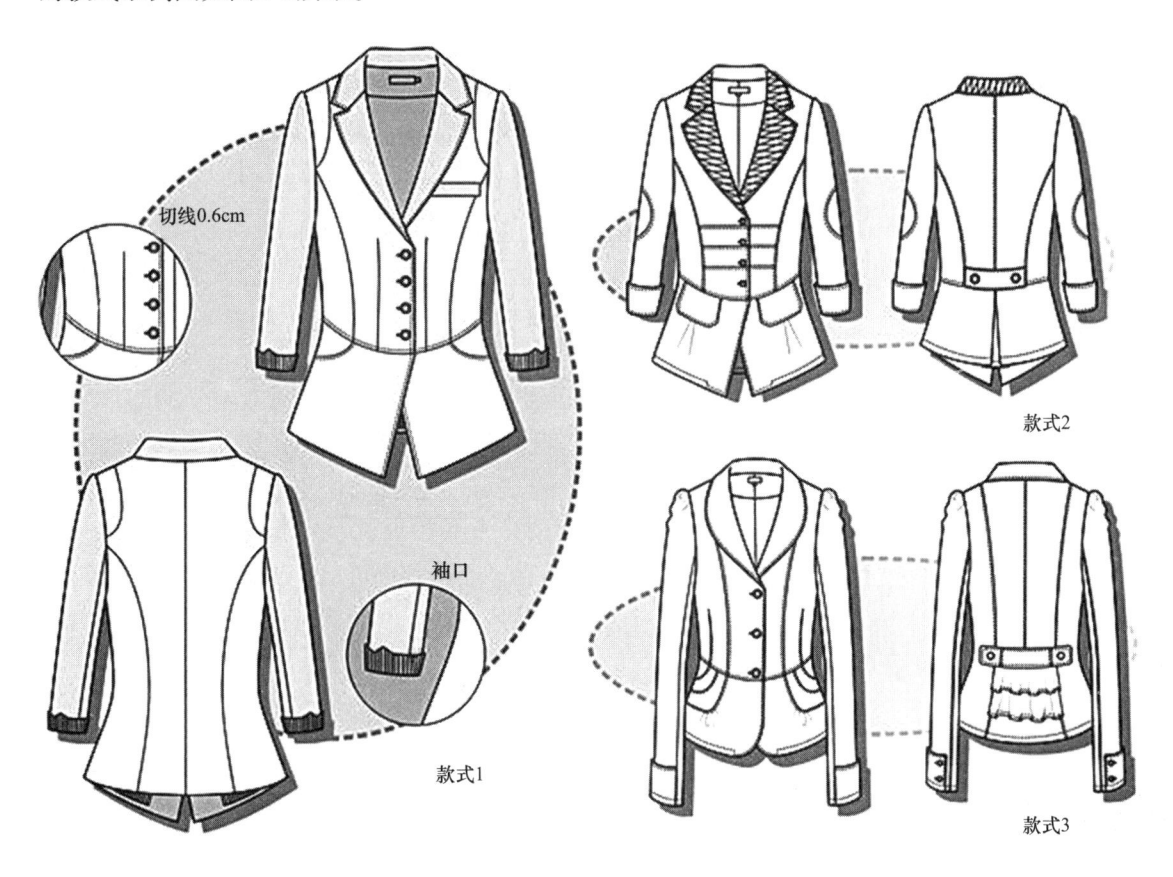

图2-5　CorelDRAW绘制的小西装款式图

（二）规格设计

表2-1　中袖衬衣规格表　　　　　　　　　　　　　　　　　　　　　单位：cm

部位	规格			
	S	M	L	XL
后中长	56	58	60	62
胸围	88	92	96	100
下摆	74	78	82	86
袖长	30	31	32	33
袖口	25.5	26.5	27.5	28.5
肩宽	37	38	39	40

规格设计是设计师根据设计图进行各个部位尺寸的设置，首先设计出标准的尺寸进行制

板、打样，这是制板的依据。从表2-1中可以看出：此款衬衫共有4个码，即S、M、L、XL。测量方法是将衬衫平放后开始测量，衣长是以后中长开始绘制，再订出前衣长的尺寸，采用的是国际测量法，也是现在比较常见的测量标准。后中长是以2cm分档；胸围是以4cm分档；下摆是以4cm分档；袖长是以1cm分档；袖口是以1cm分档；肩宽是以1cm分档。这些分档数值作为放码依据。

规格设计在企业里是技术部工作人员制板时必备的尺寸表，它是制板时的参考数据，也必须按照客户的意愿进行修改。

（三）辅料要求

1. 锁钉要求

钉枪色20#纽扣9颗+1颗备用；锁20#纽眼9个；备用袋1个。

（1）指的是钉9颗20mm长的纽扣，再加1颗备用扣，共10颗。在企业，对纽洞的大小、间距要求相当严格，会有专用的钉纽扣机。设置好间距后，同一个尺码的服装可以一起钉，速度很快，既准确、又省时。

（2）指的是锁纽洞9个。一般来说，衬衫用的是平头扣眼机；外套、裤装、夹克，圆头扣眼机用得比较多。圆头扣眼机比平头扣眼机昂贵。锁纽洞也可以手工锁，但是手工制作的大小不一、衬线长短时大时小，造型不美观。如果是批量生产的话可以使用锁纽洞专用机器，如果是自己穿着手工比较实际。

（3）备用袋是用来装备用纽扣，数量1个。这种备用袋可以提升产品的档次，一般情况下，品牌店里商品都会自带，例如，雅戈尔衬衫等。

2. 备注

（1）用配色涤纶线：指的是缝纫线必须与面料颜色相匹配。涤纶线是用涤纶长丝和短纤维制造而成的，具有强度高、弹性好、耐磨、缩水率低、化学稳定性好等特点，但其熔点低、高速易熔融、堵塞针眼、易断线，应注意机针的选用。涤纶线主要用于牛仔、运动装、皮革制品、毛料以及军服等，是目前使用最多、最普及的缝纫线。

（2）粘衬（领面、门里襟面、袖口面）：指的是在领面、门里襟、袖口等处必须粘衬。粘衬能使造型美观，减小制作误差。粘衬注意事项：面料的颜色和衬的颜色最好不要相差很大，否则粘好后，面料正面会有痕迹，影响美观；粘衬时温度也要掌握好，不宜温度过高，应该先用废料试一试，再在面料上粘衬；粘衬时还应注意衬的大小，不宜太大或者太小，应与面料大小一致。

（3）针距（13~14针/3cm）：指的是3cm长的一段缉线中有13~14针迹。企业里为了制作速度快而且精确，每个企业都设有流水线，一件衣服有多达300道工序的流水线，如果每个人的针距都不一样，那成品服装上会有许多个不同长度的针距，这样的服装检验是不合格产品。因此需要规定针距的长短，也是为了使每道工序都能按照标准制作。

（四）缝制工艺

缝制工艺是制作中比较重要的一项内容，也是质量检验的重点，因此每一步的要求都比较严格，每位工人的工位上都有一张工艺卡，详细地介绍流水线的要求。此款女衬衫缝制工艺如表2-2所示。

表2-2 中袖衬衣缝制工艺表

部位	前中开衩	前胸贴袋	袋口外贴条	边沿切线	褶量	隐形拉链
要求	门里襟宽3.6cm（含嵌条），边沿夹嵌条0.6cm	前胸贴袋位置按纸样，四周密拷	袋口外贴条宽0.8cm，中间打细褶	边沿切线0.6cm，前下收省处打细褶	褶量均匀，褶好后尺寸按纸样标注	右侧缝装隐形拉链，上方距腋下点2cm，下方距下摆6cm拉链两头用本布包光，拉链平服

此款女衬衫的前中有一个门襟，即开衩部位，制作时要求开衩门襟宽度在3.6cm左右，因此这个尺寸不宜相差太大，误差在0.1cm就算合格，否则要重新修改到规格尺寸为止，袋口打细褶处要做到左右大小一致，高度位置和左右位置均要对称，边缘缉线0.6cm。褶打好后要按照纸样进行核对裁剪。

此款女衬衫的工艺要求最重要是隐形拉链的位置。此款衬衫由于前中没有全部开通，在穿着上比较困难，因此设计师在侧缝处装隐形拉链，就可以解决穿脱的问题。至于装拉链的位置，根据工艺要求，要装在右侧缝（以穿在人体上衡量左和右），距离上方2cm、下方6cm，这就要求拉链的长度随着侧缝的长度而改变，所以不同尺码的衬衫拉链的长度不同。拉链两端用本布包光，这样可以提升衬衫的品质。最重要的是拉链装好后要平服，扭曲一点就会影响产品的质量。

此款女衬衫在此章节只介绍比较典型的工艺要求，其他的工艺要求不再做详细讲解，其中熨烫要求在以后的工艺单中会做详细的讲解和说明。

二、牛仔裤生产工艺单编写示例（图2-6）

款号：N016SA6005		样板号：11CWG1106C		规格(cm)	160/68A	165/72A	170/76A	175/80A	175/84A
				部位	36码	38码	40码	42码	44码
				裤长	100.5	102	103.5	105	105.5
				腰围	89.5	93.5	97.5	101.5	105.5
				臀围	71	75	79	83	87
				脚口	40.5	42	43.5	45	46.5
粘衬		缝制	缝份	处理方法					
厚衬：腰面薄衬：腰里，门襟，里襟，后袋开线，裤襻		内外侧缝	1.2cm	分开缝					
		前袋口	1cm	装袋布压0.1cm内缝止口					
		后复势缝	1cm	向上倒，后袋开袋					
		裆缝	1cm	分开缝，整门襟压3cm止口					
辅料		腰	1cm						
腰上口	商标、洗水唛、尺码各1个	脚口	3.5cm	装腰，兜腰口压0.1cm内缝止口；整腰压暗线；腰上装腰襻拷边，撬边					
袋口	前中拉链1根								
门襟	纽扣1粒								

图2-6 牛仔裤生产工艺单

（一）牛仔裤照片样（Photo Sample）

1. 照片样的定义

也称照相样、影像样，是提供给客户作为模特试身照相用的样品，或是用于印刷本制作，为客户制作大货彩图提供参考。照片样的颜色和款式要正确、面辅料材质可近似。如图2-7所示为牛仔裤照片样。

2. 照片样的作用

客户提供的样衣或者是经过拍摄得到的图片，都可作为直观详细的依据。对样衣全面分析，从整体到局部进行观察和测量，特别像滑雪衣等结构较复杂的款式，通过样衣详细地了解其结构特点、工艺要求、材料特性及其布局、部件配比与组合情况，从而获得相应的尺寸数据。

图2-7　牛仔裤照片样

3. 使用照片样的部门

一般情况下，客户提供的样衣会从业务部一直传递到技术部，从工艺文件编写员手中到生产线上，最后到包装流程，样衣或者图片始终贯穿于整个产品的生产到出货过程。

（二）牛仔裤部位规格的确定

表2-3　牛仔裤部位规格表　　　　　　　　　　　　　单位：cm

规格 部位	160/68A	165/72A	170/76A	175/80A	175/84A
	36码	38码	40码	42码	44码
裤长	100.8	102	103.5	105	105.5
腰围	89.5	93.5	97.5	101.5	105.5
臀围	71	75	79	83	87
脚口	40.5	42	43.5	45	46.5

1. 服装号型规格

服装号型规格的设计通常是以表格的形式列出成衣号型系列，即各控制部位名称和尺寸。裤装号型规格的控制部位主要有裤长、腰围和臀围三个部位，如表2-3所示。

2. 服装号型规格的作用

统一我国服装规格设计的标准，有利于发展成衣化生产，增强企业管理，提高产品质量，便于商业营销，是量体裁衣传统方法与现代科学方法的结合。以《服装号型》标准为依据对服装的规格尺寸设计，可以使产品达到适体的要求，而消费者不经试穿也可根据服装号型选到合适的服装，因此《服装号型》是服装行业重要的基础标准。

服装款式的规格涉及的部门比较广泛，但主要还是技术部，因为规格尺寸才是出样板、核算面料以及编写工艺单的主要依据。

3. 裤子的企业常用术语（表2-4）

表2-4 裤子的企业常用术语表

名称	企业常用术语或测量方法
腰围	放平量，一般取半围
中臀围处	臀围量法（半围）
前裤片上档长	前档弧线
后裤片上档长	后档弧线
横档	横档半围
中档	膝围
脚口	脚口围（半围）
裤腰	腰头高
脚口贴边	脚口高
后拼	机头（边长×中长），育克
裤襻	马王带
规格表	规格表（分水洗前后两个）
商标	主唛、洗唛、尺码标等

4. 裤子的企业测量方法（表2-5）

表2-5 裤子的企业测量方法

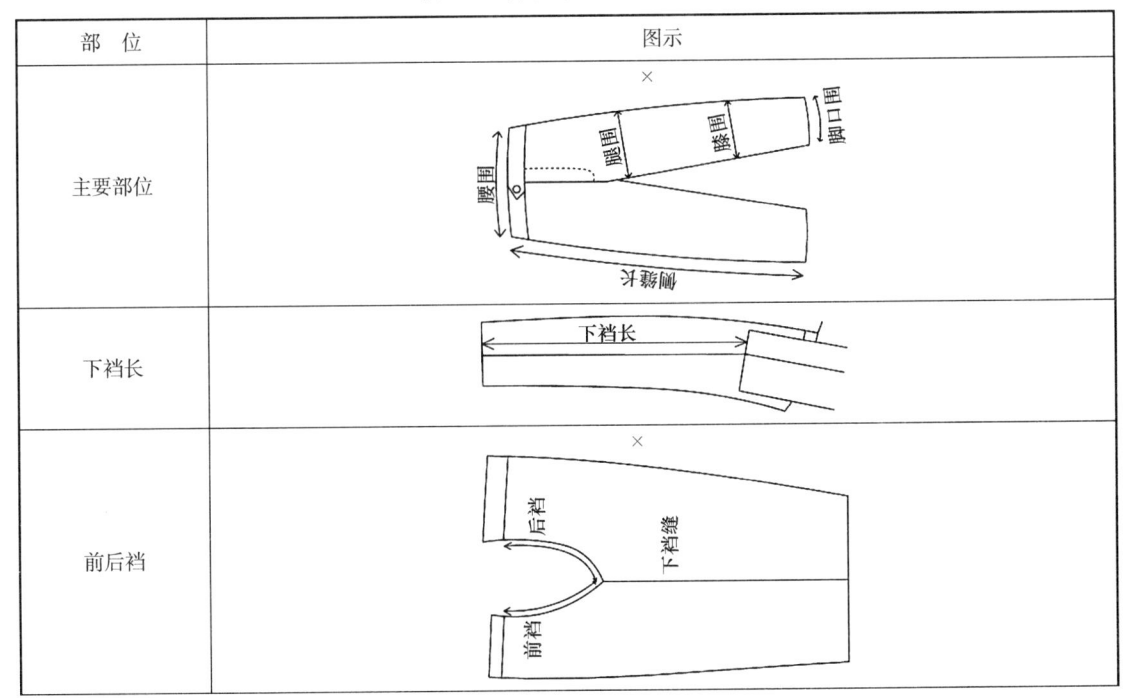

部　位	图示
主要部位	
下档长	
前后档	

续表

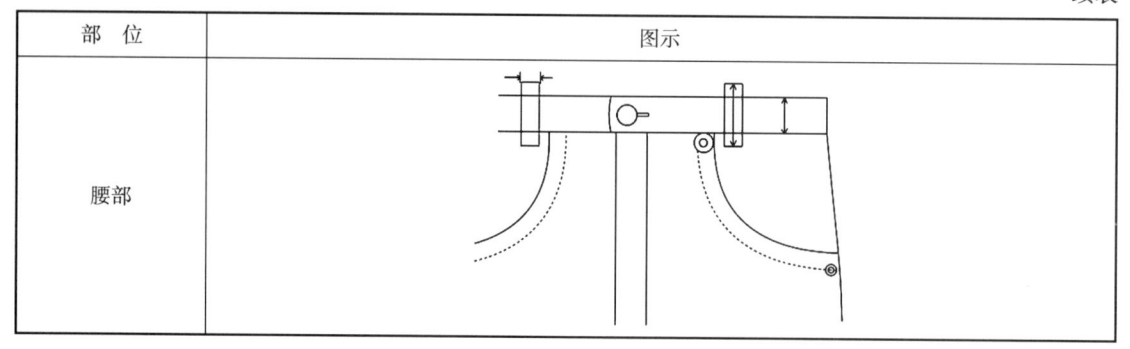

部位	图示
腰部	

5. 牛仔裤水洗方式介绍（表2-6）

表2-6　牛仔裤水洗方式介绍

名称	定义	图例
普洗	普洗即普通洗涤，是将我们平日所熟悉的洗涤改为机械化洗涤，其水温在60~90℃，加一定的洗涤剂，经过15分钟左右的普通洗涤后，过清水加柔软剂即可，使织物更加柔软、舒适，在视觉上更加自然、干净。通常根据洗涤时间的长短和化学药品用量的多少，普洗又可以分为轻普洗、普洗、重普洗。通常轻普洗为5分钟左右，普洗为15分钟左右，重普洗为30分钟左右（这个时间不是精确的），这三种洗法没有明显的界限	
石洗石磨	石洗即在洗水中加入一定大小的浮石，使浮石与衣服打磨，打磨缸内的水位以衣物完全浸透的低水位进行，以使得浮石能很好地与衣物接触。在石磨前可进行普洗或漂洗，也可在石磨后进行漂洗。根据客户的不同要求，可以采用黄石、白石、AAA石、人造石、胶球等进行洗涤，以达到不同的洗水效果，洗后布面呈现灰蒙、陈旧的感觉，衣物有轻微至重度破损	
酵素洗	酵素是一种纤维素酶，它可以在一定pH和温度下，对纤维结构产生降解作用，使布面可以较温和地褪色、褪毛（产生"桃皮"效果），并得到持久的柔软效果。可以与石头并用或代替石头，若与石头并用，通常称为酵素石洗	
砂洗	砂洗多用一些碱性、氧化性助剂，使衣物洗后有一定褪色效果及陈旧感，若配以石磨，洗后布料表面会产生一层柔和霜白的绒毛，再加入一些柔软剂，可使洗后织物松软、柔和，从而提高穿着的舒适性	

续表

名称	定义	图例
破坏洗	成衣经过浮石打磨及助剂处理后，在某些部位（骨位、领角等）产生一定程度的破损，洗后衣物会有较为明显的残旧效果	
雪花洗	把干燥的浮石用高锰酸钾溶液浸透，然后在专用转缸内直接与衣物打磨，通过浮石打磨在衣物上，使得高锰酸钾将摩擦点氧化掉，最终布面呈不规则褪色，形成类似雪花的白点	
碧纹洗	也叫单面涂层、涂料染色，意思是说这种洗水方法是专为经过涂料染色的服装而设置的，其作用是巩固原有的艳丽色泽及增加手感的软度	

（三）牛仔裤需用的衬料

1. 衬料的定义

服装中的衬料是指用于服装面料与里料之间、附着或黏合在衣料上的材料，它具有硬、挺、弹性好的特点，是服装不可缺少的材料。主要有棉布衬、麻衬、动物毛衬、化学衬、纸衬等。

2. 衬料的作用

黏合衬主要有保型和支撑、美化和修饰、增强牢度和抗皱能力，以及提高服装的保暖性的等作用。

3. 牛仔裤需用衬料的部位

本款牛仔裤中粘衬主要用于裤子的腰面、腰里、门襟、里襟、后袋开线、裤襻等部位如表2-7所示。

表2-7 牛仔裤衬料表

衬料	粘衬部位
厚衬	腰面
薄衬	腰里、门襟、里襟、后袋开线、裤襻

（四）牛仔裤需用的辅料

1. 服装辅料的定义

我们将除服装表面主体的面料以外的所有用料称为服装用辅助材料，它与服装面料共同形成服装材料的整体。服装面料在服装中起主要作用，而服装辅料起辅助作用。

2. 服装辅料的分类

根据服装辅料在服装中的应用，主要有服装里料、服装絮料、服装衬料等。本款牛仔裤运用到的辅料有商标、洗水唛、尺码、前中拉链、纽扣，如表2-8所示。这里选择拉链作为知识点详细讲解，其余的辅料在后面章节中再依次介绍。

表2-8 牛仔裤辅料表

部位	辅料
腰上口	商标、洗水唛、尺码各1个
袋口	前中拉链1根
门襟	纽扣1粒

3. 拉链分类方法及种类

（1）按材料分类：

①尼龙拉链：隐形拉链、双骨拉链、编织拉链、反穿拉链、防水拉链等。

②树脂拉链：金（银）牙拉链、透明拉链、半透明拉链、蓄能发光拉链、激光拉链、钻石拉链等。

③金属拉链：铝牙拉链、铜牙拉链（黄铜、白铜、古铜、红铜等）、黑叻拉链等。

（2）按结构分类：

闭尾拉链、开尾拉链（左右插）、双开尾拉链（左右插）。闭尾拉链多用于裤子门襟、口袋等部位。开尾和双开尾拉链多用于上衣门襟、长大衣、风衣等。拉链的有效尺寸即为拉链上下点之间的长度。

（3）按规格及操作工艺分类：

3#、4#、5#、6#、8#、9#……20#，型号规格由小到大，拉链牙齿的大小与型号规格成正比。隐形拉链3#、4#、5#为常用规格。

（4）拉链的外观要求：

①拉链的平直度和平整度：使拉链处于自然下垂状态，无波浪或弯曲。

②注塑拉链的链牙应鲜亮、饱满、无溢料、无小牙、伤牙；尼龙拉链的链牙应手感光滑，不得有毛刺，拉头上不得有孔；金属拉链的链牙应排列整齐，不歪斜，牙脚不得断裂，牙坑边缘不得割裂，表面光滑。

③拉链色泽鲜艳、无色斑、色花、污垢等，手感柔和、外光挺括、无皱褶或扭曲、啮合良好。

④注塑拉链和金属拉链的码带不能断带筋；尼龙拉链的缝线不得偏移，要缝在中心线，

不能有跳针、反缝的现象。各类拉链的上止、下止不得装歪斜。

⑤贴胶整齐：贴胶在-35℃时无发脆现象；贴胶处反复10次折转180°，无折断现象。

⑥电镀拉头应镀层光亮，不起皮，无严重的划痕，镀层厚度至少要大于3μm（微米）；涂漆、喷塑拉头表面色泽鲜艳，涂层均匀牢固，无气泡、死角等缺陷。

⑦拉头底面应当有清晰的商标。

（5）企业技术部在制订拉链的采购订单时，应该注意以下方面：

①写清拉链的装配模式：开尾、闭尾、双开尾等。

②拉链的规格：3#、4#、5#等。

③大身面料色号，以供拉链码带配色之用。

④拉链的链牙、拉头、拉片的颜色、材质等。

⑤拉链的有效长度，即服装口袋长度、服装门襟长度等（隐形拉链的订购长度要比实际应用部位的尺寸大2cm，目的是方便工艺制作）。

⑥写清楚订购数量及尺寸搭配。

⑦有特殊拉头的应提出，如无特殊要求一般默认为自动头。

（五）牛仔裤的生产工序分析（表2-9）

表2-9 牛仔裤工序分析表

部位（缝制）	缝份（cm）	缝制方法
内外侧缝	1.2	分开缝
前袋口	1	装袋布压0.1cm内缝止口
后复势缝	1	向上倒，后袋开袋
档缝	1	分开缝，整门襟压3cm止口
腰	1	装腰，兜腰口压0.1cm内缝止口；整腰压暗线；腰上装腰襻
脚口	3.5	拷边，撬边

1. 工序分析的定义

工序分析就是依照工艺程序，从第一个工作到最后一个工作全面分析，有无多余、重复、不合理的作业流程、搬运和停滞等，以改进现场的空间配置和作业方法，提高工作效率。在服装厂里，服装产品生产从材料投入到制成成品的过程可分为加工、检查、停滞和搬运四类工序，通过调查各类工序条件、工序编排情况，可以有效地对工序流程进行改进。

2. 工序分析的部门

工序分析主要运用于技术部工艺单的编写以及生产车间的指导作用。

3. 工序流程简单分析

通过工序流程分析，可以发现服装生产过程中关键环节和存在问题，并能运用工序分析技巧来解决问题；便于操作人员了解产品的整个生产过程，明确自己担任的工作任务。本章工艺单中牛仔裤的工序是比较简单的，只写了几个关键部位的位置要求，常规部位则不再赘述。

三、休闲裙生产工艺单编写示例（图2-8）

号型规格	S		M		L		XL		款式图	缝制工艺和质量要求
	洗前	洗后	洗前	洗后	洗前	洗后	洗前	洗后		
后中长	84.5	82.5	86.5	84.5	88.5	86.5	90.5	88.5		1. 前小肩做活口，用手工拱针，前片分割处切线0.1~0.6cm，前下贴袋按净样板做，袋底打细褶，褶量均匀，内切线0.1cm，袋口切线1.5cm，袋口做工字折各2个，袋盖切线距边沿0.6cm，切三道异色牛仔线，装袋盖切线0.6cm 2. 腰节切线宽5cm，腰节侧缝处按纸样位置半成品打气眼，里面穿配色织带，织带头做光切线0.5cm 3. 门里襟净宽3cm，切线0.1cm，边沿切三道异色牛仔线 4. 袖窿内贴1cm，活口为1cm，袖窿插片内包边1.2cm，用异色牛仔线，后侧分割处切线0.1~0.6cm 5. 领圈按纸样做，领圈外贴净宽2.5cm，中间各切三道异色牛仔线，间距0.6cm，毛口活口为0.8cm 6. 底边折边切线2cm，用异色牛仔线 7. 商标用4#标，白色用银字，藏青用黑字，钉在后领居中，距领口3cm，尺码、水洗唛钉在左侧缝上，距下摆15cm 8. 成分：100%棉
胸围	86	86	90	90	94	94	98	98		
腰围	宽松									
下摆	149	149	153	153	157	157	161	161		
领圈		68		69		70		71		
前腰带毛长	48		49		50		51			
后腰带毛长	96		98		100		102			
锁钉要求	1. 腰半成品锁气眼8颗，枪色 2. 锁纽眼8个，用配色线 3. 钉纽扣15颗/件，5种纽扣，钉法根据要求 4. 前小肩手工拱针长0.8cm 5. 备用袋1个				备注	1. 成衣重酵素洗 2. 粘衬：袋盖面，领面 3. 色卡线通用，均为灰色，搭配按样衣 4. 针距：12~13针/3cm				

图2-8 休闲裙生产工艺单

（一）款式图分析

在服装设计与生产实践中，服装款式图作为形象的语言符号，是最为快捷、准确、有效的沟通方式。服装款式图绘制的三要素是比例、结构、线迹。服装款式图常用的线条一般有三种：粗实线、细实线和虚线。粗实线一般用来表现服装外轮廓线；细实线表现服装的内部线，如省道线、分割线、装饰线；缝缉线一般用虚线。在企业的工艺单中一般都会用到服装款式图。绘制款式图通常用手绘的方式表现，这需要绘制者对服装结构比较了解，并能熟练掌握绘制技巧，如图2-9所示为服装款式图。

1. 单线表现法

单线表现法是用简洁的粗、细线条来表现服装款式图的平面状态的方法，要求线条工整、严谨，能准确地表现服装

图2-9 采用明暗表现法的服装款式图

款式的结构特征。绘制重点应放在造型结构线、服装局部款式的表现上，以作为样衣打板的依据。

2. 明暗表现法

明暗表现法是在单线法的基础上，把服装的具体色彩、图案和面料质地尽可能地表现出来的方法。明暗表现法比较生动，一般常用的有水粉平涂勾线、水彩上色，彩色铅笔、油画棒、麦克笔等。工艺单中的款式图（图2-9）就是采用明暗表现法。

3. 电脑绘制法

电脑绘制法主要是采用CorelDRAW绘图软件，该内容在前面的章节中已详细介绍。

（二）规格尺寸分析

表2-10 连衣裙规格表

规格＼号型	S		M		L		XL	
	洗前	洗后	洗前	洗后	洗前	洗后	洗前	洗后
后中长	84.5	82.5	86.5	84.5	88.5	86.5	90.5	88.5
胸围	86	86	90	90	94	94	98	98
腰围	宽　松							
下摆	149	149	153	153	157	157	161	161
领圈	68		69		70		71	
前腰带毛长	48		49		50		51	
后腰带毛长	96		98		100		102	

在本款工艺单中有水洗前和水洗后的尺寸（表2-10），洗前尺寸是指面料用机器织好以后，再经染色后的尺寸。洗后尺寸是指面料织好后进行水洗，有些棉弹面料水洗后会缩水，如果制板前不考虑缩水，成衣尺寸会有很大偏差，因此在企业里，生产前都会进行缩水试验，得出缩水率。

1. 缩水率定义

织物的缩水率是指织物在洗涤或浸水后织物收缩的百分数。缩水率最小的是合成纤维及混纺织品，其次是毛织品、麻织品，棉织品居中，丝织品缩水率较大，而最大的是黏胶纤维、人造棉、人造毛类织物。

织品产生缩水的因素：

（1）织物的原材料不同，缩水率不同。一般来说，吸湿性大的纤维，浸水后纤维膨胀，直径增大，长度缩短，缩水率就大。如有的黏胶纤维吸水率高达13%，而合成纤维织物吸湿性差，其缩水率就小。

（2）织物的密度不同，缩水率不同。如经纬向密度相近，其经纬向缩水率也接近。经密大于纬密的织品，经向缩水就大，反之，纬密大于经密的织品，纬向缩水也就大。

（3）织物纱支粗细不同，缩水率不同。纱支粗的织物缩水率大，纱支细的织物缩水率小。

（4）织物生产工艺不同，缩水率不同。一般来说，织物在织造和染整过程中，纤维要拉伸多次，加工时间长、施加张力较大的织物缩水率就越大，反之就越小。

2. 缩水率测验

织物的缩水率是服装用料的重要质量指标，缩水率测试的对象可以是成衣，也可以是匹布，大部分以匹布为主。这里以匹布为例，来计算织物缩水率的测验方法。

缩水率测验方法

（1）器具和待测织物：

①器具：2000ml烧杯、玻璃棒、温度计、直尺、剪刀。

②待测织物：未经处理的白坯布。

③物品：红油漆。

（2）操作步骤：

①试样剪取：同"机械缩水法"。

②全幅：取全幅长55cm，在室温放置10小时以上，使其变形稳定。分别用耐洗、水不渗化的红油漆或缝线沿经向及纬向各作3处（相距50cm）度量幅宽的标记（精确到0.1cm）。

a. 将准备好的试样放入容器内，温度调整为（60±2）℃，浸泡40分钟（每10分钟翻1次使织物浸泡均匀），取出布样，温水洗、冷水洗，在水中理平叠折，小心挤出水分（不得用手拧），然后将试样展平，放入烘箱内在（60±5）℃下烘干（或自然晒干），取出，冷却30分钟，并室温下放置4小时（自然晾干），测量各标记间的距离。

b. 以经向或纬向测得3次数据的平均值为准。

缩水率（％）＝（试验前实测长－试验后实测长）÷试验前实测长×100％

（3）实验报告：

①认真记录测试结果。

②计算织物经向和纬向的缩水率。

（4）注意事项：

①标志线需画准确。

②等到红油干了，再放入水中。

③织物松散的放入水中。

④晒干时应放平。

3. 常用面料的缩水率

棉4％~10％；化纤4％~8％；棉/涤3.5％~5.5％；本色白布3％；毛蓝布3％~4％；府绸3％~4.5％；花布3％~3.5％；咔叽华达呢4％~5.5％；斜纹布4％；哔叽3％~4％；劳动布10％；人造棉10％；的确良2％；毛华达呢2％~3.5％；线呢8％~9.8％；平纹的确良1％~2％；毛的确良1％~2％；海军呢2％~3.5％；大衣呢2％~3.5％；灯芯绒3％~6.5％。不同的纺织品有不同的缩水率，使用时应特别注意。

4. 在款式制板时关于缩水率的注意事项

不同面料在制作成衣后，经过下水洗涤或自然条件下都会产生一定的缩小量，出口外贸类服装的制成品尺寸要求是首要标准，在制作板型之前，了解面料特性至关重要。测量水洗类成衣的制板缩水率的方法：

（1）在拿到客户订单时，要看清楚是成衣水洗还是面料水洗。成衣水洗的衣服，在表面车明线的部位有明显的缩皱现象，就像平时穿的牛仔裤的侧缝缝头一样，有深浅变化的面料车线；如果是面料水洗就没有这个现象。面料水洗的缩水率不需要去控制，大货面料拿到后，去水洗厂按要求水洗后再做，控制好车工的车缩即可。

（2）成衣水洗有很多方法，特别是牛仔类，有普通水洗、酵素洗、石磨洗等。从客户处拿到大货面料样，最起码要5m以上的整个门幅面料。分别剪开1.2m长的整个门幅大小各三块面料，并分别在面料上做出1m大小的正方形，在面料上用车线订位作好记号。

（3）按客户要求告诉水洗厂的洗水要求，经水洗后的测试面料一份给客户确认效果（有些客户也会要求做个袖样或裤腿样），一份自己留底。

（4）水洗厂测试回来的面料，必须烘干透，摸在手上不能有湿度。测量面料上留的车线尺寸。用三块面料去做测试，是为了这个缩水率的准确性，可以分别比较参考一下取中间值。例如，量出纵向尺寸（直丝缕）长度为97%，说明面料纵向缩水率为3%；横向尺寸（横丝缕）长度为92%，说明面料横向缩水率为8%。

（5）根据上面测量出来的横向纵向缩水率，在制作样板时，如衣长的尺寸要求78cm，那么制板时，要做到78cm×（1+3%）=80.34cm；胸围的尺寸要求56cm，那么做板时，要做到56cm×（1+8%）=60.48cm。

（6）正确的大货面料到厂后，必须重新做一下测试，以防有误。各个批次的面料每卷面料布剪成1.2m整个门幅的大小，重新做水洗，如果有几批缩水率相差比较大（3~5cm）的面料，必须要做两副或更多的样板。

在这里还要再次提醒，做成衣水洗的面料一定要反复多次地测试一下面料缩水率，不能怕麻烦。有时候甚至同样一件成衣，因为面料的缩水率不同，可能要做多个不同的缩水板型。

（三）面料成分分析

在服装面料中，棉、麻、丝、毛是产品的主要组成成分。本款连衣裙面料是棉，生产工艺单主要详细介绍棉织物的组成与分类，麻、丝、毛的相关知识点作简要介绍。

100%棉是指采用全棉纱线织成的面料，质地非常柔软，吸湿性也比较好，是夏季穿着最好的选择。

1. 棉型织物的特点

棉型织物是指以棉纱或棉与化纤混纺纱线织成的织物。纯棉织物的吸湿性强，缩水率大，约为4%~10%。染色性能良好，光泽柔和，美观大方。手感柔软，具有优良的穿着舒适性，坚牢耐用，经济实惠。但是弹性差，易褶皱，因而服装保形性差。耐碱不耐酸，微生物对棉织物有破坏作用，不耐霉菌。

2. 常见的棉织物种类（表2-11）

表2-11　棉织物常见种类表

分类＼名称	棉织物的种类		
按织物组织	平纹布	缎纹布	斜纹布
按印染整理加工	漂白棉布	印染棉布	染色棉布
按商业营销	原色布	花布	色布

3. 常用棉型织物介绍（表2-12）

表2-12　常用棉型织物表

名称	常用棉型织物定义	
平布	平布是一种平纹组织的棉织物，是棉织物的主要品种。细平布加工成各种漂白布、色布和印花布等，适宜做衬衫、内衣、绣花坯布、休闲服、胸衬等。粗平布经过印染加工后适宜制作风格粗犷的服装	
府绸	府绸是一种兼有丝绸风格的棉织物，是棉织物的主要品种。府绸适宜制作衬衫及外衣等服装，还可做绣花的底布，经过树脂处理过的府绸还可做羽绒服面料	
麻纱	麻纱是一种具有麻织品风格的棉织物，原料不是麻纤维，而是棉纤维通过纺织工艺处理织成的具有麻织品风格的织物。特别适用于制作男女衬衫、童装、睡衣、裙子等夏季服装	
斜纹布	有粗斜纹和细斜纹两种。质地比平布稍厚实柔软，适宜制作制服、工作服、学生装、童装等	

续表

名称	常用棉型织物定义	
卡其	卡其是斜纹组织中的重要品种。卡其在服装应用相当广泛，适合各种年龄层次和性别的人穿着，可用作外套、夹克衫、风衣、裤子等	

4. 麻型织物的特点

麻型织物是用麻纤维纯纺、混纺或交织而成的织物。麻型织物具有强度高、外观粗犷、生硬的特点，如表2-13所示。

表2-13 麻织物种类表

分类	麻型织物的种类		
按所用原料	苎麻布	指用100%苎麻为原料织成的布	
	亚麻布	指用100%亚麻为原料织成的布	
	麻混纺布	指用麻纤维和其他纤维按一定比例混纺而成的布	
	麻交织布	用麻与其他原料分别做经、纬纱交织而成的布	
按加工方法	手工苎麻布	俗称夏布，是采用土法织造的布。因质量好坏不一，故多用于蚊帐、麻衬、衬布等	
	机织苎麻布	用机器纺织加工而成的麻布，其品质和外观优于手工夏布，布面紧密平整，匀净光洁，经漂白或染色后可制作各种服装	

续表

分类	麻型织物的种类		
按印染整理加工	原色亚麻布	指未经任何印染整理加工保持织物原有色泽的麻布	
	漂白亚麻布	指坯麻布经过漂炼加工而获得的本白或漂白的麻布	
	印花麻布	指坯麻布经过漂炼加工后再进行染色、印花加工的麻布	

5. 丝织物的特点

丝织物是纺织品中的高档产品，主要指以桑蚕丝为原料织成的纯纺、混纺或交织而成的纺织品。丝织物具有较好的强度和弹性，手感滑爽，穿着舒适，光泽柔和自然，耐酸不耐碱，高雅华丽，但抗皱性差、耐光性差、易褶皱、容易吸身、不够结实和褪色较快等特点，如表2-14所示。

表2-14　丝织物种类表

分类	丝织物的种类		
按所用原料	真丝绸	是指纯桑蚕丝绸，如塔夫绸、双绉、电力纺等。具有光泽柔和，质地柔软，手感滑爽，穿着舒适有弹性等特点，是夏季理想的高档服装面料	
	柞丝绸	是指柞蚕丝绸或以柞蚕丝为主的丝绸。如柞丝纺、柞丝哔叽等。它具有质地平挺滑爽，手感厚实，弹性好等特点，但光泽和颜色不如桑蚕丝绸	
	人丝绸	是经纬均采用黏胶人造丝织成的织品，如立新绸、美丽绸、有光纺等。弹性差、易起皱、穿着时衣服底边易变形，人丝绸的缩水率较大，裁剪前应预缩	
	合纤绸	是合纤长丝织成的织品，如涤丝绸、棉丝绸、涤纶乔其纱等。光泽不太柔和、吸湿透气性差，穿着有闷热感	

续表

分类		丝织物的种类	
按所用原料	交织绸与混纺绸	是用人造丝或天然丝与其他纤维混纺或交织的仿丝绸织品，如织锦缎、羽纱、线绨等。面料的特点由混纺或交织的纤维性质决定	
按组织结构及外观特征		可分为纺、绉、缎、绢、绸、葛、绫、纱、罗、棉、绒、绨、呢、绡十四大类	

6. 毛织物的特点

毛型织物是指以羊毛、兔毛、骆驼毛等为原料，或羊毛与其他化纤混纺、交织的织物，一般以羊毛为主，习惯上又称为"呢绒"。毛型织物光泽柔和自然，手感柔软而富有弹性，色调雅致，穿着舒适美观，不易褶皱，吸湿性、耐磨性、保暖性好，是秋冬季理想的服装面料，如表2-15所示。

表2-15 常见毛织物种类表

分类		毛织物的种类	
按毛织物生产工艺及外观特征	精纺呢绒	又称精梳呢绒，用优质细羊毛或较好的羊毛（原料长度一般在55mm以上），主要品种有华达呢、哔叽、啥味呢、凡立丁、派力司、马裤呢、贡呢、驼丝棉、女士呢和花呢等	
	粗纺呢绒	又称粗梳呢绒，经粗梳毛纱工艺纺制成的毛纱，主要品种有麦尔登呢、海军呢、制服呢、法兰绒、粗花呢等	
	长毛绒	用棉纱和粗梳毛纱分别作地经和绒经，棉纱作纬，用双层起毛组织织制，再经割绒、剪毛、蒸刷后制成。主要品种有衣里绒、衣面绒、工业用绒、化纤毛绒等	
	驼绒	用粗梳毛纱作绒面纱，棉纱作地纱，用针织机编织，并经乱绒、拉绒而成。主要品种有美素驼绒、花素驼绒和条子驼绒等	

（四）锁钉要求

锁钉是根据客户提供的样衣或者资料对产品进行锁眼、钉扣、锁气眼等后整理的相关工作，使产品更加完整化，如表2-16所示。

表2-16 锁钉工作表

部位	锁钉要求	
腰半成品锁气眼8颗，枪色	气眼是服装上的一种工艺名称，是鸡眼和凤眼的组合。	
	枪色没有确切色泽，从浅黑逐步到深黑都称枪色，有金属光泽	
锁纽眼8个，用配色线	衣服上用来扣合的球状或片状小物件。一般的纽扣是男左女右。纽扣不仅能把衣服连接起来，使其严密保温，还可使人仪表整齐。别致的纽扣，还会对衣服起点缀作用。因此，纽扣是服装结构中不可缺少的一部分，即除了实用功能以外，还对服装的造型设计起到画龙点睛的作用	
钉纽扣15颗/件，5种纽扣	钉法根据要求	
前小肩	手工拱针长0.8cm	
备用袋1个	根据客户的要求，有些产品需要放备用袋，准备好袋子供使用	

第三章　服装生产物料技术文件编写

第一节　服装生产物料的分类及主要内容

服装生产企业中所用的物料主要是生产中使用的面料、辅料、燃料、生产工具（设备）配件等。物料的及时供应，是组织生产经营活动的基本条件，也是企业在生产过程中不可缺少的重要环节。服装厂使用物料种类繁多，合理地选择与使用，对稳定服装生产、提高产品品质、节约资源、降低成本等起到重要作用。

一、服装生产物料的分类与管理

（一）物料的分类

服装生产中所需要的物料种类繁多。物料分类是物料管理的基础，如果没有良好的物料分类体系，就不能有效地进行物料管理。为了便于管理，必须对物料进行分类。

1. 按物料在生产中的作用分类

此种分类便于制订物料消耗定额、计算各项物料需要量、核算产品的成本和确定流动资金定额等。

（1）主原材料：构成产品的主要材料，如面料、铺料等。

（2）辅助材料：在生产中起辅助作用，但不构成主要实体的材料，如润滑油、纸张、划粉等。

（3）生产工具：生产过程中使用或消耗的各种刀具、量具等，如剪刀、尺、缝纫针等。

（4）半成品、成品：如领、袖、裤等。

（5）动力：特殊辅助材料，如电力、蒸汽等。

（6）配套件和备用件：指用于维修配套机器设备而备用的配件和备件，如轴承、齿轮等。

2. 按物料的自然属性分类

按此分类，便于编制物料目录，也便于采购和保管物料。

（1）金属材料：如金属纽扣、缝纫针、大头针等。

（2）非金属材料：包括橡胶、水泥、纸箱、纸等。

（3）机电产品：包括缝纫机、电熨斗、仪表等。

3. 按物料的使用范围分类

按此分类，有利于企业对物料的使用进行核算平衡。

（1）基本建设用料：如钢筋、水泥等各种建筑材料。
（2）产品生产用料：如服装面辅料等。
（3）技术措施和技术改造用料。
（4）经营维修用料。
（5）科学研究、开发新产品用料。
（6）工艺装备和设备制造用料。

服装生产企业多以第一种方法对物料进行分类。

（二）服装物料管理概念

服装物料管理是对服装生产活动中所需要的各种物料的供应、使用、储存等各项管理工作的总称。服装物料管理是以物料为对象，把有关物料的全部经营活动进行计划、统筹、管理，使生产活动顺利进行，达到预定的目标。所以，物料管理的目的就是用最少的钱，发挥最大的供应效率；不积压资金，尽可能降低成本；适时、适地、保质、保量地配合生产需求供应物料。

（三）服装物料管理的主要内容

一般认为物料管理是管理仓库中物料的存储与发放。实际上，服装企业直接从事产品的设计、制造、机器设备的维修和工具的供应等工作，都可以说是物料管理的范围。物料管理的研究对象有采购、验收、分类、发放、控制存量、处理废料等。所以，物料管理的范围包括用料计划与预算、物料采购管理、物料仓储管理、物料存货控制、在制品结存管理等。

1. 用料计划与预算

在一个固定的生产周期中，预定所需物料的种类与数量。由制造部主管决定用料计划并与采购部门协调制订预算。

2. 物料采购管理

物料采购管理包括采购作业方式、采购预算、供应商的确定等。

3. 物料仓储管理

物料仓储管理包括物料的检验、收料、发料、存储与呆废料的处理等。

4. 物料存货控制

物料存货控制是物料管理的中心，目的是配合生产实况，以最低的仓储量，提供最经济有效的服务。

5. 在制品结存管理

在制品结存管理包括在制品在生产线上的数量、停放量、呆废料处理等方面的管理。

二、服装生产物料管理的组织形式

物料管理的组织有隶属于生产部门的，也有平行于生产部门的。一般可将物料管理的组织分为功能类组织、地区类组织、产品类组织及内外分工式组织。

1. 功能类组织

功能类组织是一种集权式管理。企业为达到高度专业化的效果，根据工作功能的不同而严格将职责划分成各个单位，如在物料管理部门下设采购、运输、仓储等单位。企业实行采购集中、仓库集中、运输集中。优点是权力集中、分工明确；缺点是如果各业务部门之间协调不够，遇事互相推诿。

2. 地区类组织

地区类组织是一种分权式管理，适用于服装企业集团或大型企业。企业具体的物料业务工作分别由不同地区的分厂组织管理，以求进行地区性采购与管理。如华东物料管理部门、华南物料管理部门等。缺点是采购和管理分散，费用大、成本高。

3. 产品类组织

产品类组织是一种专业化管理模式，适用于规模较大、品种较多的服装企业。对多元化经营的企业而言，为使生产或服务获利更多，可按产品类别设立专业物料管理部门和专业仓库。其优点是可以按产品或物料类别统一管理，专业化程度高，适应性强；缺点是组织分散，综合平衡困难，易产生层层设库的现象，资金周转慢。

4. 内外分工式组织

内外分工式组织是一种新的管理方式。企业专门成立物料采购部门，全面负责物料采购和对外业务联系；而企业内部的物料管理全部由生产部门统一管理，实行企业内部与外部工作的高度分工。

三、服装生产物料管理的"五适"要求

1. 适时

在需要使用物料时，及时的供应物料，不发生停工待料；也不过早送货，挤占货仓和积压资金。因此，物料管理部门应对供应商生产能力、运输交货时间、检验收货时间等进行详细分析，才能做到适时。

2. 适质

供应商送来的物料和企业外发出去生产的物料，其品质都必须符合要求。如果物料品质不符合标准，产品就难以达到客户的标准，从而影响企业的声誉。

3. 适量

申请采购的物料数量应控制适当，不应发生缺料或呆料现象。采购数量不足，会引起停工待料，影响交货期；采购数量过多，会影响资金积压，甚至浪费。因此，应有一个经济的订货量。

4. 适价

物料的价格应保持一个适当水平。若采购价格要求过低，可能会降低物料的品质，损害交易条件；若采购价格过高，成本难以负担，企业的利润减少，竞争力减弱，容易失去市场。

5. 适应

供应商的厂址与企业的距离越近越好。如果距离太远，运输成本加大，影响产品定价；沟通协调不便，容易延误交货期。

第二节　服装生产物料单分析示例

大货物料单是技术部门在生产前样的基础上确定出来的，是供应部门、生产部门和财务部门购料、用料和成本核算的依据。大货物料单将一件服装所用的原辅料用量全部列出，并将里料、面料和辅料的样卡贴在表中相应位置。由于各企业的样表不一样，因此本章节只选取具有代表性的物料单进行分析。

物料单主要是针对某一个款式分析所用的辅料以及单耗、配色等相关信息，没有统一的表格，每个企业都可自行设计适合自己的表格。

一、休闲裤生产物料单分析示例（表3-1）

表3-1　物料明细表（款号：12-3106051）

（辅料检针！成品检针！）①

名称②	用料③	规格④	备注⑥		名称	用料	用料	规格	颜色⑧
门襟拉链	1条	X0-00:8cm 02-04:9cm	3YGR GSN8	见样卡⑦	高士线				
							465m	30/3	配洗后大身色
侧袋拉链	1条	X0-04:12cm	3YGR GSN8	见样卡			10m	50/3	配洗后大身色
脚口拉链	1条	X0-04:17cm	3YGR GSN8	见样卡			0.15m	20/9	配洗后大身色
拷纽	1个	17mm	BBA3 27	见样卡			2m	30/3	C2750
四合扣⑤	2副	加垫片	5BX	见样卡					
主标	1个	共用	PL-6	白底黑字					
洗标	1个	分款号，分规格，分颜色	NO.114 F-24、F-83	白底黑字	款式图⑨ 正面款式图　　背面款式图				
注意标1	1个	共用	H-91	白底黑字					
注意标2	1个	共用	LI-N-277	白底黑字					
吊牌	1个	分款号，分规格，分颜色	PT-1	白底黑字					
注意牌1	1个	共用	K-91	白底黑字					
注意牌2	1个	共用	LI-T-277	白底黑字					

休闲裤物料组成明细：

①辅料检针、产品检针：一般根据客户的要求，所有辅料、产品都要检针，即检测服装类产品。在产品生产加工过程中，不能有遗留在产品的断针、断螺丝、订书针等。有这项要求的必须在表格的前面就提出，以提示下道工序的人员提前注意。

②名称：一张完整的物料明细表必须包含生产一件产品需要用到的全部辅料名称，技术人员必须拿着样衣或者资料进行罗列。企业为了方便记录都是使用企业术语，如串带襻叫马王襻。

③用料：即每件产品中每个辅料的实际用料，如线一般是用皮尺量出来的，但款式上会有很多种缝线出现，如包缝、平缝等，所有的线缝加起来就是这个产品的用线，以米（m）计算。

④规格：根据产品中每个辅料使用情况，如拉链在不同的尺码上用不同的长度。

⑤四合扣：每条裤子要2副，如果算一副大货会少一半，这就要求技术人员要认真仔细。

⑥备注：指需要特殊说明的内容。根据客户的要求有指定的材料，或指定的要求。

⑦见样卡：用文字表达不清时可以附上辅料的样式，以便在制作时能做到正确。样卡是企业自己设计的表格与真实的贴样，如表3-2所示。

表3-2 样卡

名称	品质规格	位置、数量	样卡
大包扣	包布为大身布，扣座为金属，L3	前门襟，双排扣	
小包扣	包布为大身布，扣座为金属，L1.9	袖口上1cm处，左右各3粒，后腰襻2粒	
主标	织唛	后片里料后中上，领座向下4cm处1个	JIANYI

⑧颜色：主要指线的颜色。一般根据面积最大的颜色即大身色配色，除了客户要求指定相应的颜色。至于辅料中的拉链、纽扣的颜色，全部根据客户要求。有的辅料是客户提供的，有的是企业找厂家制作的，但也要经过客户确认方可生产大货。

⑨款式图：技术文件中所有涉及到的部分必须有的内容。目前企业里运用的主要有实物图与电脑绘制的款式图。随着信息技术的发展，因为方便存档，款式图越来越普遍，如图3-1、图3-2所示。

图3-1 实物款式图正面、背面　　　　图3-2 电脑款式图正面、背面

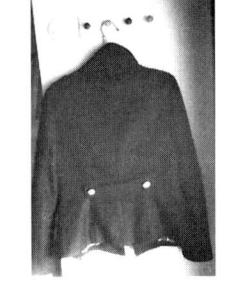

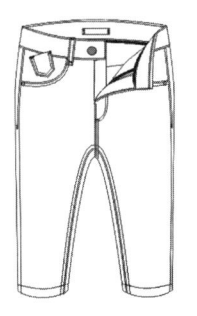

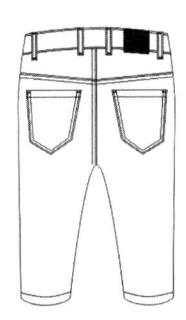

二、休闲衬衫生产物料单分析示例（表3-3）

表3-3　XX公司女休闲衬衫物料表

客户编号	9780768	制单号	007
款式号	LP-19070	合同号	AT1567
品名	女休闲衬衫	制单员	王丹

面辅料配备

名称	货号	门幅（规格）	单位用量	名称	货号	单位用量
面料	0705	112cm	1.5cm	尺码标	0432	1个
				明线	配色	4m
粘衬	0238	144cm	20cm	暗线	配色	5m
				吊牌	3217	1个
纽扣	4756	2.5cm	7颗	洗水唛	3210	1个
腋袋	5645	0.5cm	1个	胶袋	5645	1个
气眼	4321			商标	0732	4m
绳	0342	112cm	1.5cm			

（一）面料分析

1. 门幅的概念

门幅又称幅宽，即面料的全幅宽，是指织物横向两边最外缘经纱之间的距离，是面料的实际宽度。

门幅与织机的针数及寸数（即针筒的直径）有关，即针数（或寸数）越大，门幅也会越大；还有其他因素如纱支，布类（结构）、成品克重、要求缩率（纬向影响门幅）等影响门幅宽度。一般化纤类面料门幅150cm左右。

2. 门幅的影响关系

纱支越粗，门幅越大；成品克重越重，门幅越小；横缩越大，门幅越大，（此项一般影响很小，只有2~3cm）。结构中的含针会令门幅增大，而平针会令门幅变小。一般来说，客户提供的原版的经纬密度和布重都是经过确认好的，在做大货时，如果门幅比原版偏大很多（误差一英寸），就会造成布面露白多（经密纬疏）以及重量偏轻。如果是弹力布，误差会更大，织物的弹性和缩率都可能有问题。总之，门幅有误差的话，织物的克重和纬向回缩率、风格、经密等都会有影响。

门幅是长三角一带的叫法。门幅也叫布封，是广东一带的叫法。

（二）纽扣分析

1. 纽扣尺寸表示方法

纽扣是按纽扣直径大小来确定尺寸的。目前经常使用的14L、16L、18L、20L、60L等指的就是纽扣的直径。它的换算公式为：直径1L=0.635mm。如果不知道一粒纽扣的型号大小，可以用卡尺量出它的直径（mm）再除以0.635。L常称为"尼"或"莱尼（Ligne）"。

2. 纽扣数量及单位

粒（Piece，缩写为Pcs）、打（Dozen，缩写为Doz，1Doz=12Pcs）、罗（Gross，缩写为G，1G=144Pcs）、大罗（Great Gross，缩写为GG，1GG=12G=1728Pcs）。

3. 纽扣分类

①按材质分：

天然类：真贝扣、椰子扣、木头扣等。

化工类：有机扣、树脂扣、塑料扣、组合扣、尿素扣、喷漆扣、电镀扣等。

其他：中国结、四合扣、金属扣、牛角扣、仿皮扣、激光字母扣、振字扣等。

另外，树脂扣从坯料上可分：棒料扣（珠光扣、花纹扣、普通棒等）、板料扣（珠光波纹板、珠光板、条纹板、单色板）、曼哈顿（五彩扣、单色扣）。

②按孔眼分：

暗眼扣：一般在纽扣的背面，经扣径向穿孔。

明眼扣：直接通纽扣正反面，一般有四眼扣和两眼扣。

③按光度：

有光扣、半光扣、无光扣。

4. 纽扣的验收标准

①颜色、花纹、号型与样品或该产品要求相同。

②针孔端正、对称，针距及针孔大小符合标准。

③光度符合要求。

④面背无车炸、车破、边厚薄不匀现象。

（三）绳带分析

绳带主要有扁平形的抽带和圆柱形的抽绳，前者主要运用于运动裤、休闲裤腰头；后者多与止滑扣、伸缩筒配合，用于上衣帽子、下摆、腰带缩口。

（四）明线、暗线

服装缝纫线是保证服装缝制质量、穿着寿命和外部美观的关键。服装缝纫线的选配原则如表3-4所示。

表3-4 服装缝纫线选配表

选配因素	选配原则与方法
衣料的性能	缝纫线的原料与面料一致，性能要匹配
衣料的质地和颜色	薄型面料使用较细的缝纫线，反之亦然。缝纫线颜色与面料相同或相近

续表

选配因素	选配原则与方法
缝合方法	内缝线可与面料有差异，但外包线必须与面料同色、同光泽
缝纫针	厚型面料配较粗的线，缝针相应要粗（大号针）
缝合部位与缝口厚度	服装的不同部位受力不同，缝线的粗细不同，受力大的部位选强力大的缝纫线，但要与缝口的厚度综合考虑

（五）标识性材料

服装的标识性材料有吊牌、尺码标、商标、洗水唛等，如表3-5所示。在服装企业里常常将缝在服装里面的有关标识称做唛，如主唛、洗水唛、成分唛等。

表3-5 各种标识性材料表

名称	标识性材料	
吊牌、尺码标	吊牌上面刻有或印有商标、洗水标志、原料成分，材质有金属、塑料、皮革、纸张等。吊牌与尺码标一般是垂于腰口或镶嵌于领口处	
商标	商标用于标识服装品牌、规格，有提花机织类和印刷类两种	
洗水唛	洗水唛主要印有洗涤、熨烫、晾晒、收藏方法和注意事项，洗水唛多缝合于服装侧缝或腰部内侧等	

三、牛仔裤生产物料单分析示例（图3-3）

生产制造单
TECKNICAL REQUIREMENT

款号：P0D-254(12-276412007)	款名：女款灯芯绒长裤
板型：中低腰紧身小脚	洗水方法：普洗

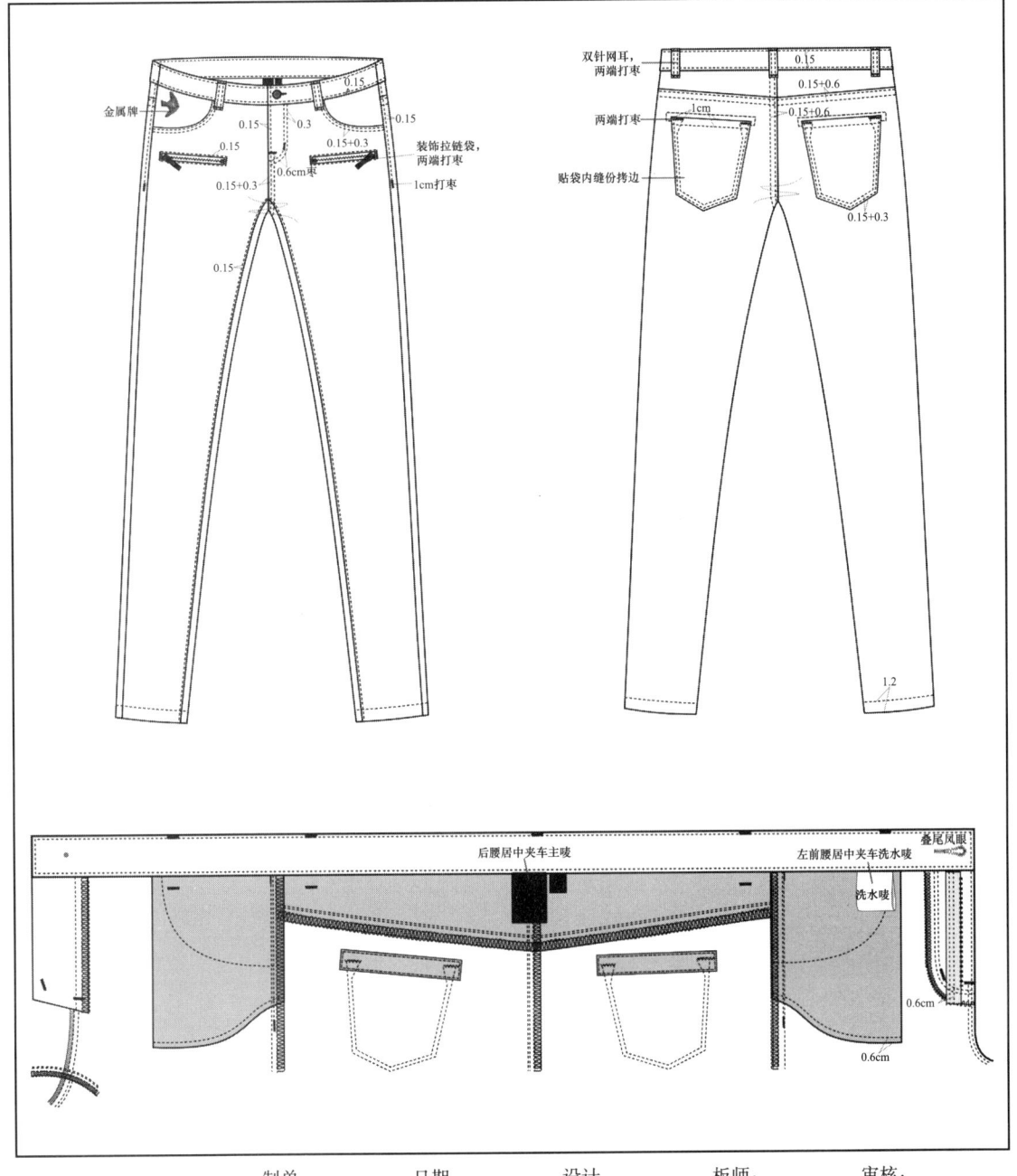

前片标注：金属牌、0.15、0.3、0.15+0.3、0.6cm枣、0.15+0.3、1cm打枣、0.15、装饰拉链袋，两端打枣

后片标注：双针网耳，两端打枣、0.15、0.15+0.6、两端打枣、1cm、0.15+0.6、贴袋内缝份拷边、0.15+0.3、1.2

腰头细节：叠尾凤眼、后腰居中夹车主唛、左前腰居中夹车洗水唛、洗水唛、0.6cm、0.6cm

制单：　　日期：　　设计：　　板师：　　审核：

(1) 森马女款灯芯绒长裤生产制造单

女款灯芯绒长裤

款号：POD-254(12-276412007)				款名：女款灯芯绒长裤	
板型：中低腰紧身小脚口				洗水方法：普洗	

灯芯绒长裤物料表

物料名称	颜色	门封	用量	备注	供方
面：弹力灯芯绒	A色	142cm	1.07m	大身	厂供
里：45ST/C里布	B色	144cm	0.133m	袋布、后机头贴、前开袋贴、后袋口内贴	厂供
物料名称	用料部位		门幅	用量	供方
纸胶朴1	前后腰、门襟、前拉链开袋位		100cm	0.08m	厂供
布胶朴2	腰头工字扣处		110cm	0.003m	厂供
物料名称	颜色	规格	用量	备注	供方
4#青古铜金属拉头金属拉链	拉齿：青古铜 码带：A色		1	门襟	厂供
5#C色金属拉头(PU皮拉片：黑色)金属拉链	拉齿：D色 码带：A色		2	前装饰袋	厂供
金属工字扣+垫片	C色	28L	1	前中	厂供
金属章	E色		1	右前袋	厂供
直纹布朴条		1cm	1	腰头上口、后袋口 124cm/26码；127cm/27码	厂供
主唛			1		客供
尺码唛		分码	1		客供
洗水唛		分码	1		厂供
面线	A色	202#	33Y	沪江线	厂供
底线、暗缝线、拷边线	A色	403#	215Y	沪江线（袋布车线配袋布色）	厂供
打枣线、锁眼线	A色	402#	14Y	沪江线（凤眼内加芯线）	厂供
订金属章线	配章底色	403#	1Y	沪江线	厂供
吊牌		分码	1		客供
吊粒	黑色		1		客供
拷贝纸			1		厂供
胶袋		分码	1		厂供
双坑纸板				一箱两个	厂供
双坑面国产A级纸纸箱					厂供

制单：　　　　日期：　　　　设计：　　　　板师：　　　　审核：

(2) 森马女款灯芯绒长裤物料表

图3-3　牛仔裤生产物料单

（一）灯芯绒长裤面料分析表（表3-6、表3-7）

表3-6　灯芯绒长裤面料

知识点	灯芯绒面料	
定义	灯芯绒是割纬起绒、表面形成纵向绒条的棉织物。因绒条像一条条灯草芯，所以称为灯芯绒。灯芯绒质地厚实，保暖性好，适宜制作秋冬季外衣、鞋帽面料和幕布、窗帘、沙发面料等装饰用品。采用纬二重组织织制、再经割绒整理，布面呈灯芯状绒条的织物，又称条绒布	
性能	灯芯绒织物手感弹滑柔软、绒条清晰圆润、光泽柔和均匀、厚实且耐磨，但较易撕裂，尤其是沿着绒条方向的撕裂强力较低 灯芯绒织物在穿着过程中，其绒毛部分与外界接触，尤其是服装的肘部、领口、袖口、膝部等部位长期受到外界摩擦，绒毛容易脱落	
特征	灯芯绒属纬起毛棉织物，由一组经纱和两组纬纱交织而成，地纬与经纱交织形成固结毛绒，毛纬与经纱交织割绒后绒毛覆盖布面，经整理形成各种粗细不同的绒条	

表3-7　常见灯芯绒面料

知识点	常见灯芯绒面料	
弹力型	弹力灯芯绒：经纱及纬纱中加入弹力纤维，使面料具有弹性，同时也增加了氨纶丝，使服装穿着舒适，可制作合体紧身型的款式	
黏胶型	黏胶灯芯绒：以黏胶纤维做绒经，可提高传统灯芯绒的悬垂感、光感及手感，黏胶灯芯绒悬垂性较高，光泽亮丽，颜色鲜艳，手感光滑	

续表

知识点	常见灯芯绒面料	
涤纶型	涤纶灯芯绒：快速的生活节奏，服装的保养性和洗可穿性越来越受到人们的关注，它不但颜色亮丽、洗可穿性能好，而且服装的保型性好，适合做休闲类的外衣	
彩棉型	彩棉灯芯绒：为了适应环保的需求，新型的环保材料运用于灯芯绒，使服装面料焕发出新的生命力	
细条型	粗细条灯芯绒：该织物采取偏割的方式，使正常的起绒组织织物形成粗细相匀的线条，因绒毛长短不一，粗细绒条高低错落有致，丰富了织物的视觉效果	
间歇割型	间歇割灯芯绒：采取间歇式割绒，则纬浮长线间隔地被割断，形成既有绒毛竖立的凸起，又有平齐排列的纬浮长的凹陷，其效果是浮雕状，立体感较强、外观新颖别致	
飞毛型	飞毛灯芯绒：该风格的灯芯绒需将割绒工艺与织物组织配合起来，形成更为丰富的视觉效果。正常的灯芯绒绒毛均有根部的V字型或W字型团结，在需要形成露地现象的部位将其他组织固结点去掉，这样使绒纬浮长穿过绒经跨两个组织循环，在割绒时，两导针中间的一段绒纬即被两端剪断，由吸绒装置吸去，从而形成更为强烈的浮雕效果	

续表

知识点	常见灯芯绒面料	
霜花型	霜花手法可用于各种绒毛为纤维素纤维的各种规格中,它通过氧化还原剂将灯芯绒绒尖的染料剥去,形成落霜的效果,这种效果不仅迎合了回归潮、仿旧潮,更改善了灯芯绒服用时易磨处的绒毛不规则倒伏或泛白现象,提升了服用性能和面料档次	
双色型	双色灯芯绒的绒沟和绒毛呈现不同的颜色,并通过两种色泽的和谐搭配,营造出朦胧中闪烁光华、深沉中洋溢热情的产品风格,使面料于亦动亦静中演绎出色彩变换效果	

(二)里料分析表(表3-8)

表3-8 里料

知识点	45ST/C	
定义	T是涤纶,C是棉纤维,T/C就是俩者混纺了,包包的那边容易起球。经向是涤纶,纬向是棉	
性能	一般T/C布做成的衣服,背包等包的那边容易起球	
特征	一般T/C布经向是涤纶,纬向是棉	

(三)纸胶朴、布胶朴分析表(表3-9)

表3-9 纸胶朴、布胶朴

知识点	纸胶朴、布胶朴	
定义	纸胶朴、布胶朴,即有纺衬、无纺衬。服装衬布是服装辅料的一大种类,它在服装上起骨架作用。通过衬布的造型、补强、保形作用,服装才能形成形形色色的优美款式 衬布是以机织物、针织物和非织造布为基布,采用(或不采用)热塑性高分子化合物,经过专门机械进行特殊整理加工,用于服装的内层起到补强、挺括等作用的,与面料黏合(或非黏合)的专用服装辅料	
分类	用到衬布的部位有:服装的前片、内贴边、领、驳头、后片、袋口、袋盖、腰带、领头、门襟、袖口、贴边、袖窿、止口、下摆叉口、袖衩等	
生产流程	烧毛→冷堆→退煮漂→烘干→拉幅定型→上树脂→培烘→涂层→包装检验	

(四)直纹布朴条、打枣线、吊粒的分析表(表3-10)

表3-10 布朴条、打枣线、吊粒

知识点	直纹布朴条、打枣线、吊粒	
布朴条	俗称牵带材料,就是剪成细条的黏合衬。外面一卷一卷卖的。它是烫在服装的某些边缘,防止经过拉扯而导致丝缕变形的。比如裤子的腰口与口袋,都是弧线形的容易变型,布朴条一烫即可定型	
打枣线	"枣"在服装中很常见到,特别是在牛仔、工装中体现的较突出,衣服裤子上很常见。主要起到加固的作用,加固口袋袖口等容易破损的位置	

续表

知识点	直纹布朴条、打枣线、吊粒	
吊粒	吊粒，是服装采用比较多的品牌表示、表现工具之一。吊粒以前后各一块，结构分有一次成型、二合一、三合一、四合一等，中间压绳，两头各一个可插入的插头和插口，插头分为一次性插入及可多次循环使用，主要由绳子、衩子、塑料主体、logo、烫色等几部分组成。吊粒是服装辅料中不可或缺的组成部分，且具有品牌效应	

（五）金属章、金属工字扣、拷贝纸、双坑纸板分析表（表3-11）

表3-11　金属章、金属工字扣、拷贝纸、双坑纸板

知识点	金属章、金属工字扣、拷贝纸、双坑纸板	
金属章、金属工字扣	金属章或工字扣，属于徽章（勋章）中的一种，主要由冲压、压铸、咬版工艺制作而成。徽章的表面可以电镀金、古金、古银、镍等电镀效果。具有线条简洁流畅、图案凹凸有致等特点，可采用烤漆、珐琅、印刷等，表面色彩工艺使产品更具丰富性	
拷贝纸	拷贝纸，是一种生产难度相当高的高级文化工业用纸，该产品的技术特性主要为：具有较高的物理强度，优良的均匀度及透明度，及良好的表面性质，细腻、平整、光滑、无泡泡沙、良好的适印性	
双坑纸板	双坑纸板是一个多层的黏合体，它最少由一层波浪形芯纸夹层（俗称"坑张"或"瓦楞纸"）及一层纸板（俗称瓦楞纸板"牛皮咭"）构成。双坑是指有两层瓦楞的纸板，也就是五层瓦楞纸板	

（六）缝纫线的计算

缝纫线和机针的选用

1. 缝纫线的分类和用途

按原料可分为天然纤维尼龙线、合成纤维尼龙线及混合尼龙线三大类。

（1）天然纤维尼龙线：

棉尼龙线——以棉纤维为原料经炼漂、上浆、打蜡等环节制成的缝纫线。棉尼龙线又可分为无光线（或软线）、丝光线和蜡光线。棉尼龙线强度较高，耐热性好，适于高速缝纫与耐久压烫。主要用于棉织物、皮革及高温熨烫衣物的缝纫，缺点是弹性与耐磨性较差。

蚕丝线——用天然蚕丝制成的长丝线或绢丝线，有极好的光泽，其强度、弹性和耐磨性能均优于棉线。适于缝制各类丝绸服装、高档呢绒服装、毛皮与皮革服装等。

（2）合成纤维尼龙线：

涤纶尼龙线——用涤纶长丝或短纤维制造，具有强度高、弹性好、耐磨、缩水率低、化学稳定性好。但熔点低，高速易熔融、堵塞针眼、易断线，应注意机针的选用。主要用于牛仔、运动装、皮革制品、毛料及军服等，是目前用得最多、最普及的尼龙线。

锦纶尼龙线——用纯锦纶复丝制造，分长丝线、短纤维线和弹力变形线。

腈纶尼龙线——由腈纶纤维制成，捻度较低，染色鲜艳，主要用作装饰和绣花。

（3）混合尼龙线：

涤棉尼龙线——采用65%的涤纶、35%的棉混纺而成，兼有涤和棉的优点，强度高、耐磨、耐热、缩水率低，主要用于全棉、涤棉等各类服装的高速缝纫。

包芯尼龙线——长丝为芯，外包天然纤维制成，强度取决于芯线，耐磨与耐热取决于外包纱，主要用于高速及牢固的服装缝纫。

2. 缝线的选用

在规定条件里，尼龙线形成良好线迹的同时保持一定机械性能的能力，称可缝性，是评定缝线质量的综合指标。根据缝料材质、厚度、组织、颜色、缝纫款式、缝纫设备或手段，选用种类和规格相匹配的缝线和机针，一般可遵循下列原则：

（1）与面料特性协调：

可保证收缩率、耐热性、耐磨性、耐用性等的统一，避免线、面料差异过大而引起皱缩。一般软薄料用细线、配小号机针，硬厚料用粗线、配大号机针。

（2）与缝纫设备协调：

平缝机选用左旋缝线，缝纫时可加捻，保持缝线强度。

（3）与线迹形式协调：

包（绷）缝机选用细棉线，缝料不易变形和起皱，且使链式线迹美观、手感舒服。双线线迹应选用延伸性好的缝线。裆缝、肩缝应选用坚牢的缝线。纽扣眼线迹应选择耐磨的缝线。

（4）与服装种类协调：

特殊用途的服装，如弹力服装需用弹力尼龙线，消防服应用耐热、阻燃和防水处理的尼龙线。

第四章　服装生产通知单技术文件编写

第一节　服装生产通知单定义与组成部分要求

一、服装生产通知单定义

服装生产通知单又称制造令、生产任务书、订单细节，由服装企业计划部门根据内、外订销合同制订并下达给生产部门，内容包括产品数量、品质、技术等要求，在生产过程中具有指导和指令性的技术文件，用以规范产品制造过程中对面辅料（颜色、位置）、裁剪数量（搭配比例）、产品规格、包装方法、样品数量等的要求，并明确交货日期，生产通知单的格式，可由服装企业自己拟定。

二、服装生产通知单各组成部分要求

1. **表头**

表头需要写明客户、款号、交货期数量等。数量通常是在客人订单数量基础上再加上3%~5%备用量。

备疵率：视客户订单数量而定。数量大，备疵率小；数量小，备疵率可以适当大一点。

此外生产通知单中的交货期，应在客人要求的交货期基础上提前10~15天。因为如果按客人的实际交货日期，一旦工厂不能及时完成就要空运或向客人索赔，甚至会造成客人退货。把客人的交货期提前，目的是为自己留出船样，报关报检的时间，预留出最后检货不合格返工维修的时间。

2. **规格表**

写明该订单的所有尺码各部分要求的尺寸规格，必要时可以附上测量图示，同时还要写清楚客户接受的尺寸允差。这样做便于我们在生产中进行品质控制与检验。

3. **数量搭配**

写清楚订单中的每色每码的数量，目的是避免在裁剪、缝制中出现多裁或者少裁、漏裁等现象。

4. **面辅料搭配及其使用位置（或有单件用料定额）**

因为客人下单往往是一款有几个颜色，每种颜色的面辅料颜色搭配是不同的，如不明确写出，很容易造成在生产中材料位置、颜色搭配错误。

5. **包装、装箱要求**

写明包装、装箱要求，一方面便于后道操作，也便于产品的后道品质控制与检验。此外销售包装一般除了印有商品的品名、商标、产地，也有根据具体需要或要求印有简单的规格、用途或其他一些内容。箱唛，是指在运输包装上刷制一定的包装标志，俗称唛头。

6. 款式图及款式说明

款式图通常要有正面和背面，它是对该订单的服装造型的一个图片描述，如款式较为复杂还需要特别的注意之处。

7. 工艺要求

在这里要针对裁剪、经纬纱向的技术规定、缝制要求、针迹密度、整烫及后整理要求等，根据客户的要求做出详细的说明。如面料是有方向性的，或是图案有方向性的，或有倒顺的等，都要注意裁剪丝缕方向。

第二节　服装生产通知单分析示例

一、女婴爬爬衫生产通知单分析示例（图4-1）

每款服装的生产通知单都是根据客户合同下的订单资料，以及客户的相关修改以及确认意见制订而成。

客户	PEET	品名	女婴爬爬衫	款号	75671-73LTD	货号	0811-0573
面料	棉毛布	工厂	B671	数量	11460+2%备疵件	交货日期	2012 5 7

款式说明：
1. 该打样单中三款式，样板结构一样，但前中印花不一样。请注意印花图稿的位置。
2. 前后衣片在领口处无接缝，但肩膀处有重叠。
3. 裆底后衣片回折，与前衣片用3组五爪扣连接

面辅料搭配			
名称	75671LTD	75672LTD	75673LTD
大身面料	棉毛布，100%棉，克重180～190/m²		
大身颜色	蓝色	黄色	红色
领口、腿口包边	白棉毛布，100%棉，克重170～180/m²		
领口、腿口包边颜色	白色	白色	白色
前胸印花	FM#6021R1	FM#6081R1	FM#6071R1
按扣15L	配包边色	配包边色	配包边色
明缉线颜色	P277U	浅蓝	P277U
暗线	配色	配色	配色
主唛	ML0955	ML0956	ML0957
吊牌	HT0955		
价格牌	PCT0955	PCT0956	PCT0957

明细表(单位件)			
款号	3M	6M	9M
75671LTD	1300	1300	1300
75672LTD	1200	1200	1200
75673LTD	1320	1320	1320

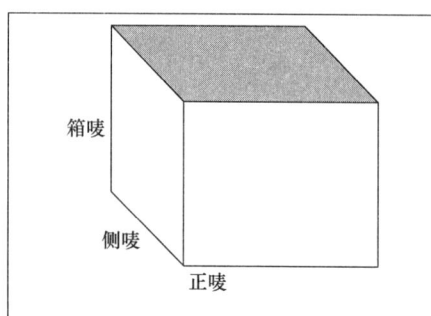

工艺说明：
1. 针迹密度：领口、脚口五线包缝14针/3cm，袖口袖底缝及侧缝四线包缝14针/3cm，袖窿五线绷缝14针/3cm。无跳线断线。
2. 按扣装订牢固、平整。
3. 包边宽窄一致，不起扭。
4. 袖口包边不拉还、不起褶皱。
5. 腿口包边接缝在左边(穿起计)，右边无接缝。
6. 印花位置及颜色准确，无脱色褪色。
7. 成衣要求普洗

装箱要求：平装。一件入一胶袋，单色(款)混码，100件入一外箱。外箱唛头如上图所示

(1) 女婴爬爬衫生产通知单上

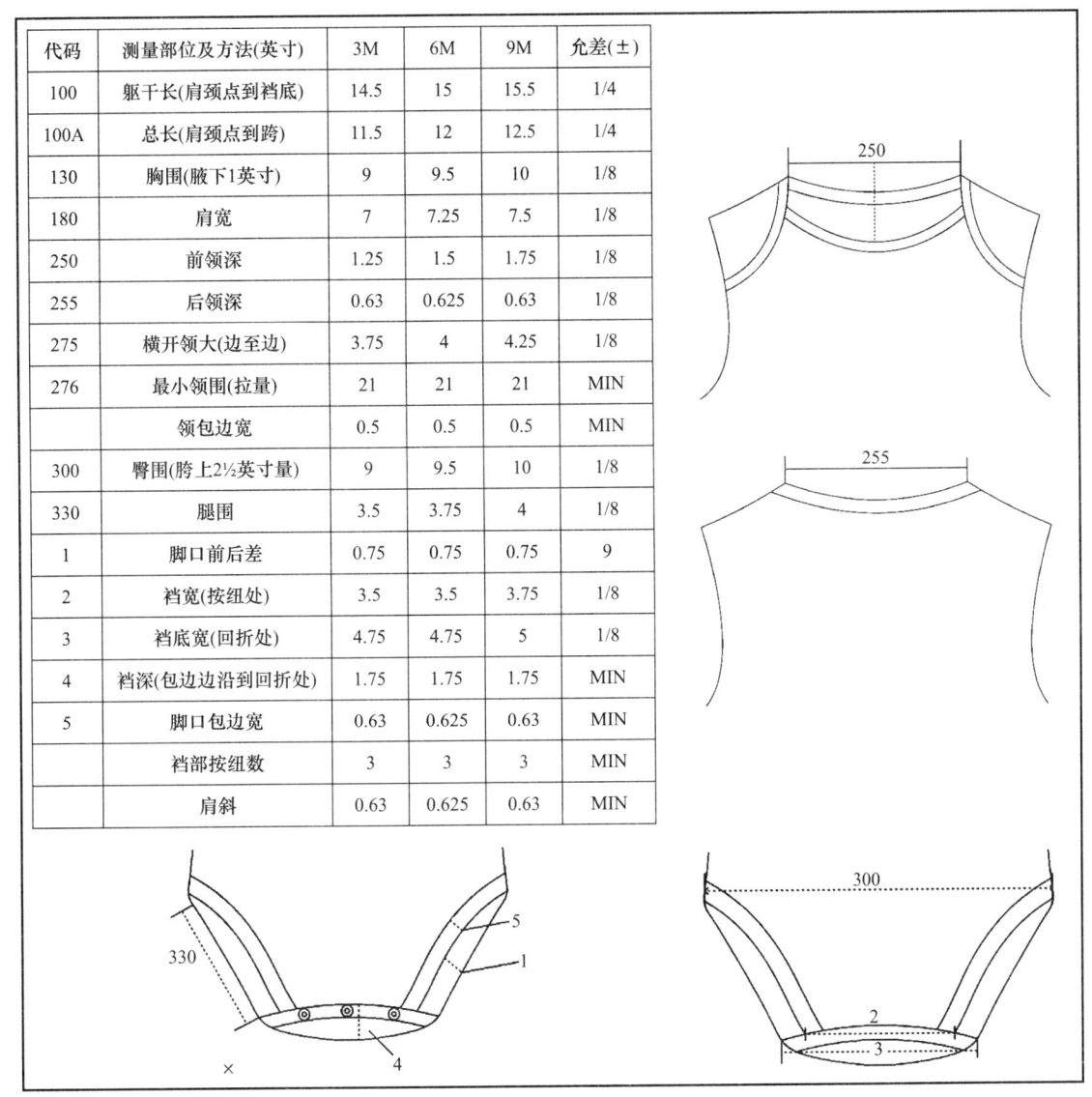

代码	测量部位及方法(英寸)	3M	6M	9M	允差(±)
100	躯干长(肩颈点到裆底)	14.5	15	15.5	1/4
100A	总长(肩颈点到跨)	11.5	12	12.5	1/4
130	胸围(腋下1英寸)	9	9.5	10	1/8
180	肩宽	7	7.25	7.5	1/8
250	前领深	1.25	1.5	1.75	1/8
255	后领深	0.63	0.625	0.63	1/8
275	横开领大(边至边)	3.75	4	4.25	1/8
276	最小领围(拉量)	21	21	21	MIN
	领包边宽	0.5	0.5	0.5	MIN
300	臀围(胯上2½英寸量)	9	9.5	10	1/8
330	腿围	3.5	3.75	4	1/8
1	脚口前后差	0.75	0.75	0.75	9
2	裆宽(按纽处)	3.5	3.5	3.75	1/8
3	裆底宽(回折处)	4.75	4.75	5	1/8
4	裆深(包边边沿到回折处)	1.75	1.75	1.75	MIN
5	脚口包边宽	0.63	0.625	0.63	MIN
	裆部按纽数	3	3	3	MIN
	肩斜	0.63	0.625	0.63	MIN

(2) 女婴爬爬衫生产通知单下

图4-1 女婴爬爬衫生产通知单

（一）女婴爬爬衫款式说明（表4-1）

在服装生产通知单中每款的服装细节部位客户都会提出相应的要求，做到特别提醒以免在大货生产中出现纰漏。如由于一个字母的印错或者由于工艺处理时不按客户要求进行制作而导致验货不合格，使产品成为疵品，最终将导致客户不接受这批服装。

（二）女婴爬爬衫面料及颜色搭配分析（表4-2）

面料的样卡是制作面辅料的依据，是把实物根据客户订单以及确认后的正确材料、依据正确的搭配方式粘贴在硬卡纸上。用以指导面辅料厂生产各种面料；用以对比和确认面料的质量；用以核查面料的种类是否到齐；用以在生产时指导面料的定位，确保大货的顺利生产。

表4-1　女婴爬爬衫款式说明

款式图	款式说明	款式图	款式说明
	1. 该打样单中三款式，样板结构一样，但前中印花不一样。请注意印花图稿的位置		绣花：有些字母绣花线有点松。E字母底部缝线外露了（白色），请看图片，大货请改进
	2. 前后衣片在领口处无接缝，但肩膀处有重叠		保证所有的缝线不突出，样衣合格
	3. 档底后衣片回折，与前衣片用3组五爪扣连接		安全标：上端的数字请隐藏在缝头里，不要切掉

表4-2　女婴爬爬衫面料及颜色搭配

品名	女婴爬爬衫	款号75671-73 LTD	订单数量：11690件		客户：PEET
棉毛布 100%棉	棉毛布是由两个罗纹组织彼此复合而成的双罗纹针织物，具有手感柔软、弹性好、布面匀整、纹路清晰等特性，棉毛布可用于缝制棉毛衫裤、运动衫裤、外衣、背心、婴儿装、睡衣等				
克重 180~190 g/m²	克重一般用来表示面料的厚薄程度，克重越大，衣服越厚。T恤克重一般在160～220g/m²之间，太薄会很透，太厚会闷热，一般选择180～280g/m²之间为佳（短袖一般以180～220 g/m²为主这个厚度穿着刚好合适，长袖T恤一般选择260 g/m²面料，属于加厚型）				
名称	品质规格	位置、数量	颜色		
			4301	4309	4314	确认色
棉毛布	纯棉 180～190 g/m²	大身75671LTD蓝色				4301色

续表

名称	品质规格	位置、数量	颜色			确认色
			7531	7538	7534	
棉毛布	纯棉 180~190 g/m²	大身75672LTD黄色				7534色
			8590	8596	8592	确认色
		大身75672LTD红色				8590色
			2134	2136	2131	确认色
		领口、腿口白色				2134色

(三)女婴爬爬衫工艺说明(表4-3)

本款产品主要采用棉毛布面料,而棉毛布是针织物的一种,大都是以棉、涤纶和涤棉纱为原料的针织面料,其特点是质感柔软、伸缩性较大、透气、吸汗、穿着舒适随意、富有个性。与机织面料不同,针织面料还具有脱散性、卷边性、拉伸性、弹性、易起毛起球性等其他面料特性,所以在成衣的缝制生产过程中需采取正确的缝制方法。

表4-3 女婴爬爬衫工艺说明

要求	女婴爬爬衫工艺说明	工艺分析	图片
工艺要求	1. 针迹密度:领口、脚口五线包缝14针/3cm,袖口袖底缝及侧缝四线包缝14针/3cm,袖窿五线绷缝14针/3cm,无跳线断线	针织面料缝制缝迹必须与针织面料的特点相适应,如链式缝迹、包缝缝迹、绷缝缝迹等,使缝制品具有一定的弹性和牢度,并防止线圈脱散	包缝线迹主要运用于服装的肩缝以及合缝部分 绷缝主要运用于下摆、袖口、领子等

续表

要求	女婴爬爬衫工艺说明	工艺分析	图片
工艺要求	2. 按扣装订牢固、平整	按纽起到固定、装饰的作用，使用时必须在操作部位放置垫布，防止损坏大身面料	
	3. 包边宽窄一致，不起扭 4. 袖口包边不拉还、不起褶皱 5. 腿口包边接缝在左边（穿起计），右边无接缝	包边和绲边是相同的意思，用在服装上是将一片（或是多片重叠后）边沿缘对齐）的边沿包住。一般用龙头制作	
	6. 印花位置及颜色准确，无脱色褪色	印花与普洗这两个知识点之前讲过这里不做讲解	
	7. 成衣要求普洗		

（四）女婴爬爬衫包装要求（表4-4）

表4-4 女婴爬爬衫包装要求

要求	爬爬衫数量			包装要求
款号	3M	6M	9M	
75671LTD	1300	1300	1300	款式的颜色、尺码、数量都是根据客户的下单的数量制订，并且有些企业会加一定数量的备疵件，以便日后翻单等
75672LTD	1200	1200	1200	
75673LTD	1320	1320	1320	
装箱要求：平装。一件入一胶袋，单色（款）混码，100件入一外箱。外箱唛头如下图所示				装箱一般根据客户要求以及相应的数量制订装箱单，装箱单种类很多（在包装章节中会介绍）
箱唛 侧唛　正唛				纸箱，英文为carton或hard paper case。纸箱是应用最广泛的包装制品，按用料不同，有瓦楞纸箱、单层纸板箱等，有各种规格和型号。纸箱常用的有三层、五层，七层使用较少，各层分为里纸、瓦楞纸、芯纸、面纸。里、面纸有茶板纸、牛皮纸，芯纸用瓦楞纸。各种纸的颜色和手感都不一样，不同厂家生产的纸（颜色、手感）也不一样（纸箱在包装章节中将详细介绍）

二、男式休闲衬衫生产通知单分析示例（表4-5）

表4-5 男式休闲衬衫生产通知单分析示例

款式编号	Y-110	发单日期：010-4-27		款式图： 正面　背面
款式名称	男装无袋长袖衫	对条对格要求： 1. 衣身：直纹裁 2. 前门襟：横纹裁 3. 上下级领：直纹裁 4. 育克：横纹裁 5. 袖子：横纹裁		
主身布成分	100%COTTON			
撞色布成分	80%COTTON 黏合衬			
面辅料	编号	车缝位置	车唛线	缝制要求： 上领：三线锁边，普通领，粘衬，单针平车上领，领面间0.5cm单线 下领：三线锁边，边线上领，粘衬，0.6cm单线平缝，下级领间线撞嘴、圆顺 右前片：三线锁边，3cm宽落明筒，粘衬，筒两边缉0.5cm单线固定 后片：三线锁边，0.6cm单线落车双层育克，育克下左右各一个内、活弓字褶，面上间0.6cm边线固定 袖子：三线锁边，1cm单针包骨上袖，不变形走位 袖侧：三线锁边，边线上三尖大侧，15cm长×2cm宽，2.5cm高封三尖顶，小侧1cm宽 袖级：边线上圆角袖级，宽与袖口等宽，长为5cm，面缉0.1cm+0.5cm双线，1cm包外袖级，袖级纽门距袖级边1.5cm，两纽门互距3.5cm，钉两粒扣 前筒纽距：第一粒纽扣距下级领骨4cm，其余纽距7cm 衣身下摆：0.5cm单针反口缝，圆角位圆顺对称，平服不起皱
主唛	07NM23114	四边固定于后育克骨正中下0.5cm	C#822/180	
尺码/洗水唛	07NC23126	车于主唛中下	C#822/180	
成分/产地唛	08NC07365	分中车于后中内下级领，车左右两边	衫身线	
纽扣用量		1. 单件用量12粒。分别为前片6粒，袖子4粒，领子2粒 2. 交叉线处钉纽，前筒最后一颗纽扣位置距衫脚8cm 3. 纽门方向：前筒最后一粒纽门/下级领/袖级为横纽门，前筒其余为直纽门 纽扣必须配合纽门大小		
车缝线		缝纫线白色线，整单用量30个；钉纽线白色，整单用量5个		

（一）对格对条

1. 发展与应用

"对格对条"工艺在机织面料中时常出现，尤其在使用花纹或条格面料生产西服、女装等服装时。在注重服装产品附加值和产品档次的当下，"对格对条"工艺效果的优劣已经成为服装品质高低的衡量标准。国家有规定如果服装"对格对条"超过允许的互差即为A缺陷，整批服装容易因此被判定为不合格产品，这也提醒服装企业应该重视"对格对条"问题。各类服装对"对格对条"都有严格要求，不同的产品有不同的要求。比如裤子，首先要求对横条，然后前后浪、裤缝、门襟、侧袋贴、袋盖，各要对齐；有竖条的，裤子的左右也要对称。而外套，则要求前后左右片皆对称，横条要对齐，袖子、领、门襟与大身对齐。再如短裙，只要前后片对称、侧缝对齐即可。

2. 对格对条的铺料要求

要达到对格对条的目的，主要应从三个方面来考虑：第一，要严把面料关，面料质量是源头，无论是针织面料还是机织面料，都存在一定的纬斜，如果情况严重就无法做到"对格对条"，在裁剪前发现坯布纬斜，可以定型处理；第二，要在排料、铺布、裁剪三道工序中密切配合，共同完成"对格对条"工艺；第三，要加强缝纫工的日常管理，保证缝纫时"对格对条"。

在对条格织物的服装排料时，要设置好样板的对位符号。对格要求要看清楚，通过分为部位对格、竖向对格、横向对格和纵横全对格。排料时，有三种形式：一是挂针对格，二是预留缝份量调整，三是预留一个格量以便调整。

排料采用挂针对格的形式时，需要对条、对格的两个部件按对格要求准确地排好位置，划样时将条格划准，保证缝制组合时对正条格。采用这种方法排料，就要求工厂在铺料时必须采用定位挂针铺料，也就是目前服装厂多采用的"扎格针"的方法。在最底层有排料图的面料上找到工艺特别要求的部位扎上格针，以后每铺一层，都在该部位找到与下层面料相同的"格"或"条"，并扎在格针上。

为了达到好的效果，在挂针定位铺料、裁剪时，有的工厂采用了专门的对条对格台（针床），有的使用了红外线定位装置。业内人士建议定位针的长度控制在"铺料高度加2cm"以内，而裁剪时的铺料高度最好低于7cm。

通过用钉子在布料四边挂针定位，以保证这些部位的格条上下层尽量不出现错位，使每层面料的各个裁片对齐条格，然后再进行划样裁剪。而且相组合的部位应尽量排在同一条格方向，以避免由于原料条格不均而影响对格。此外，在铺料时还要矫正面料经纬丝向。

还有一种排料方法，不按原形划样，而将样板适当放大，留出余量。裁剪时应按放大后的毛样进行开裁，待裁下毛坯后再逐层按对格要求划好净样，剪出裁片。这种方法比第一种方法更准确，铺料也可以不使用定位挂针，但不能裁剪一次成型，比较费工，也比较费料，在高档服装排料时多用这种方法。

由于裁剪时，裁刀很难保证与面料绝对垂直，每层裁料的尺寸难免存在误差，下层裁料的条格图案与上层裁料的条格图案很难对准，这需要排料时除了要根据设计要求把各样板排放在相应的部位外，还要留出一定的裁剪量，使裁剪时的实际裁片比样板大一些，以便在缝制时能够保证对格对条的要求。反之，若裁片与样板一样大，或余量很小，那么下层裁片在缝制时"对格对条"就比较难了。

原料的条形有对称条、鸳鸯条两种。有直条，有横条。对称条与鸳鸯条的区别如下：如果是直条，则左右条子的花纹或颜色是对称的。如果是横条，则左右条子的花纹或颜色不对称。

3. 鸳鸯条工艺要求（表4-6）

表4-6 鸳鸯条工艺要求

名称	适合部位	图片
定义	经、纬、斜向的条子的在缝纫操作中必须注意组合，直条、直格经向倾斜度不得大于0.5cm，横条、横格纬向倾斜度不得大于0.2cm	
上衣垂直对条的部位	门里襟、左右袋眉、贴袋、前中、后中、左右袖山、裤子前后片的中线等	
上衣水平对条的部位	门里襟、左右袋眉、贴袋前中、后中、左右袖山、袖子与衣身胸围线下段、前后侧缝、裤子外侧、内侧、前后裆缝、下裆、脚边等	
条子斜向组合时注意条子是否对准、对齐	例如上衣的领头后中缝、裤子的前、后裆缝等部位。穿在身上的如果是直条，应该呈V字型，如果是横条应呈∧字型。前后缝条子对正的话，横条呈V字型，如果是直条，应该呈∧字型	

4. 对称格、鸳鸯格工艺要求（表4-7）

表4-7 对称格、鸳鸯格工艺要求

定义	操作要领	图片
对称格鸳鸯格	对称格是指原料上下、左右的花纹、格型、颜色都对称的。鸳鸯格是指原料直条或横条中任何一根条子的左右、上下的花纹、格型、颜色都是不对称的	
对称格、鸳鸯格缝纫组合	例如上衣的门里襟、左右袋眉、贴袋、前中、后中、左右袖山、裤子前后裆缝、外侧、内侧、前后裤片中线等，组合时，扣烫部位将格位烫准扣齐，装配部位装准格位劈齐对称，拼合部位格位对齐、对准、对称	
鸳鸯格原料	鸳鸯格原料在大货生产上对明条不对暗条，对粗条不对细条，格子对牢、左右高低一致	

5. 对花工艺要求（表4-8）

花型原料有顺花、对称花、倒顺花三种。顺花，是指花型朝一顺方向的。对称花，是指花型上下、左右的花纹或颜色是对称的。倒顺花，是指花型既有倒方向，也有顺方向。倒顺花组合有两种类型，一种是有规侧的，另一种是无规侧的。有规侧的倒顺花容易看清。无规侧的倒顺花不易看清，当有主花，操作时以主花为准。

表4-8 对花工艺要求

定义	操作要领	图片
顺花	前后片大身、大小袖片花型要一顺方向倒。至于对花，一般产品不强调。但高档产品在主要位置必须对花。例如门里襟、领角、贴袋等部位	
对称花	凡是对称的部位，花型都要对称。例如前身门里襟、领角、袋袋、袖子等部位	
倒顺花	有规侧的：前身门里襟对横花。贴袋对前身花，领角对花，袖子对直花 无规侧的：以主花为准，一般主花排列是一顺的，所以要以主花为准进行对花	

6. 对毛工艺要求（表4-9）

对毛工艺是指原料正面有绒毛，例如灯芯绒之类的面料。毛绒的顺方向为顺毛，毛绒的逆方向为倒毛。顺毛做成的服装，色泽淡而起亮光。倒毛做成的服装，色泽深而鲜艳。但是一件产品中决不允许有倒有顺，必须做到一件衣服的裁片顺毛都是顺毛，倒毛都是倒毛。如果一件产品毛向有倒有顺，就会造成色泽有差异而产生严重色差。所以，开包时，首先要检查裁片，将零部件与大身进行核对。如有差错，应及时纠正或退回裁剪部。

（1）灯芯绒织物的经向，下层容易皱缩。如上衣的摆缝、装过面、裤子的侧缝、下裆等部位。

（2）灯芯绒织物的纬向，上层容易陂下。例如绱下摆边、袖口边、脚口边等部位。

（3）灯芯绒织物的斜向，上下二层都容易伸长。例如做领、缝合肩缝、缝合前后裆缝等部位。

（二）唛的缝制（表4-10、表4-11）

每一件服装在缝制前都会制订许多的标准，以免在制作过程中出现偏差。唛也是衡量成品尺寸规格的依据。另外必须根据客户需求，如果有任何改动必须征求客户意见，方可进行。

表4-9 对毛工艺要求

名称	操作详细说明	图片
经向	缝制时,下层拉紧,上层向前推送	
纬向	缝制时,下层稍拉紧,上层向前推送	
斜向	缝制时,下层放平,上层向前推送	
质量要求	缝线无松紧,缝份平整服帖。贴边无链形,组合宽窄均匀。丝缕无偏歪,归正顺直。毛向无倒顺,色彩一致	

表4-10 唛的缝制要求

标签/唛头	物料编号	件用量	车缝位置/规格	车唛线
主唛	07NM23114	1	四边固定于后育克领骨正中下0.5cm	C#822/180
尺码/洗水唛	07NC23126	1	车于主唛中下	C#822/180
成分/产地唛	08NC07365	1	分中车于后中内下级领,车左右两边	衫身线

表4-11 唛的分类与定义

名称	定义	图片
唛	即标记（mark）,常用于服饰、货运的标志记号的简写为"唛"	
主唛	主唛,顾名思义,就是用在服饰品上第一个唛头。如果在衣服上,就是领子上的那个唛头;如果是在裤子上的,就是裤腰那里。主唛也叫主标、正唛。都是表示在第一个位置上可以显示的。它不同于洗水唛,主唛是成衣销售的标志,用以区分服装品牌。主唛,英文是:main lable一般在上衣的内衣后衣领,或者在内后中缝处	
侧唛	侧唛,顾名思义,就是用在侧缝上的唛头。举个例子,就是一件衣服下角方小小的车缝在侧边上的那个唛头	

续表

名称	定义	图片
尺码原产地唛	尺码标记和原产地标记	
洗水唛	衣物可以使用的清洗方式的记号标识	

三、女式风衣生产通知单分析示例（图4-2）

下单属性： 款号：13302909	波次：一波 生产单位：杭州索恩思服饰有限公司					出货日期： 下单日期：2013.4.22		清货日期： NO：0000			
款式图如下：	颜色	计划裁剪数（件）					合计（件）		注意事项		
		S	M	L	XL	XXL					
	奶油杏仁色	327	438	348	174	3	1290		1．特殊工艺：印花(飘带、袖口)		
	珊瑚浅橘色	321	438	345	177	3	1284		2．其他		
	合计						2574				
	面料区										
	成衣色号	供应商	面料编号	面料颜色	门幅	数量	单件用量	计量单位	数量			面料小样
									计划用料数	加放损耗数	实际发料数	换片率
	65#奶油杏仁色	彬胜	75581	156#杏仁色	140	1290	1.85	m	2386.5	1%	2458	2%
	70#珊瑚浅橘色	兴旺	111062	46#橘色	140	1284	1.85	m	2375.4	1%	2459	2.5%
	65#奶油杏仁色	瑞环	1302	2#黄色	150	1290	0.25	m	322.5	1%	329	1%
	70#珊瑚浅橘色	瑞环	弹力雪纺	本白	144	1284	0.23	m	295.32	1%	304.5	2%

(1) 女式风衣生产通知单上

成衣色号	供应商	面料编号	面料颜色	门幅	数量	单件用量	计量单位	数量			面料小样
								计划用料数	加放损耗数	实际发料数	换片率	
65#奶油杏仁色	阿福	印花里布	粉色	144	1290	0.07	m	90.3	1%	92.5	1%	

辅　料　区

成衣色号	供应商	辅料名称	颜色	规格	数量	单件用量	计量单位	计划用料数	加放损耗数	实际发料数	规格				
											S	M	L	XL	XXL
65#奶油杏仁色	云仙	树脂扣	咖啡色	2.5cm	1290	10	个	12900	2%	13158	327	438	348	174	3
70#珊瑚浅橘色	云仙	树脂扣	咖啡色	2.5cm	1284	10	个	12840	2%	13097	321	438	345	177	3
65#奶油杏仁色	山顶	帽带	米色	1cm	1290	0.2	m	258	2%	263					
70#珊瑚浅橘色	山顶	帽带	米黄色	1cm	1284	0.2	m	256.8	2%	262					
65#奶油杏仁色	云仙	面包扣	156#杏仁色	2cm	1290	2	个	2580	2%	2632					
70#珊瑚浅橘色	云仙	面包扣	46#橘色	2cm	1284	2	个	2568	2%	2620					
65#奶油杏仁色	云仙	面包扣	156#杏仁色	1cm	1290	6	个	7740	2%	7895					

（2）女式风衣生产通知单下

图4-2　女式风衣生产通知单

（一）计划裁剪数与注意事项分析（表4-12）

表4-12　计划裁剪数与注意事项

计划裁剪数					注意事项
S	M	L	XL	XXL	
327	438	348	174	3	
321	438	345	177	3	特殊工艺：印花（飘带、袖口）
一个井然有序的裁剪计划不仅能提高裁片的裁剪效率，而且还能提高产品的制作质量。裁剪工艺主要是将整匹的服装面料、里料以及一些辅料，按所要投产的服装样板排料，裁剪成各种服装衣片以供缝制车间缝制成衣。裁剪工艺流程是决定批量生产服装质量好坏的首要环节，包括裁剪计划的制订、排料、划样、铺料及裁剪，其中裁剪方案的制订是裁剪工艺流程的首道工序，是裁剪工程后续工作的技术依据					由于服装的变化越丰富，客户的要求也越严格。因此在服装上某个款式常常有特殊工艺的出现，一般的是指印花、绣花、扎染、烫片等

（二）休闲风衣面料区分析（表4-13、表4-14）

表4-13 休闲风衣面料区表

面料区											
成衣色号	供应商	面料编号	面料颜色	门幅	数量	单件用量	计量单位	数量				面料小样
								计划用料数	加放损耗数	实际发料数	换片率	
65#奶油杏仁色	彬胜	75581	156#杏仁色	140	1290	1.85	m	2386.5	1%	2458	2%	
70#珊瑚浅橘色	兴旺	111062	46#橘色	140	1284	1.85	m	2375.4	1%	2459	2.5%	
65#奶油杏仁色	瑞环	1302	2#黄色	150	1290	0.25	m	322.5	1%	329	1%	
70#珊瑚浅橘色	瑞环	弹力雪纺	本白	144	1284	0.23	m	295.32	1%	304.5	2%	

表4-14 休闲风衣面料分析表

定义		面料分析
供应商		供应商是指直接向零售商提供商品及相应服务的企业及其分支机构、个体工商户，包括制造商、经销商和其他中介商。或称为"厂商"，即供应商品的个人或法人。供应商可以是农民、生产基地、制造商、代理商、批发商（限一级）、进口商等，应避免太多中间环节的供应商。例如：二级批发商、经销商、皮包公司（倒爷）、或亲友所开的公司	供应商必须具备的条件：1．交货及时，是非常重要的。2．质量第一，这是无可厚非的。3．价格问题必须在价格上取得优胜，价格不能定得太高。4．就是讲诚信。以上四点是作为供应商最基本的条件，如果可以遵守这四个基本点，肯定在供应商行业中占有一席地位，在激烈竞争中立于不败之地
面料编号		纺织品没有标准、命名不规范、同一产品有不同叫法、或同一品名不同织造方法的现象十分普遍，这为纺织品贸易带来许多不便，因此要进行面料的编号。纺织品的市场化就是要消费者有对商品的知晓权	其中包括：成分（及其含量）、结构、质量标准、产品功能、用途等。辅料的编号则在前面加个F即可
	服装面料的分类，综合考虑面料不同的特性会决定不同的仓储方式和洗涤方法以及风格用途，所以我们按服装的特性来区别分类如右	棉布（C-棉织物类）、麻布（H-麻织物类）、毛料（M-毛织物类）、丝绸（S-丝绸织物）、皮革（P-裘皮皮革）、化纤（R-人造化纤）、混纺（Q-混纺其他）、针织（Z-针织品类）
	面料编号的办法：年份+季度+面料最大纤维名称+编号+色号	如10SSC100182表示10年春夏棉类包色面料1001。编号为4位数，从1001开始

续表

定义	面料分析	
面料的颜色编号	在面料的颜色上企业一般运用的是潘通色卡其为国际通用的标准色卡。PANTONE色卡是享誉世界的色彩权威，涵盖印刷、纺织、塑胶、绘图、数码科技等领域的色彩沟通系统，已经成为当今交流色彩信息的国际统一标准语言 颜色的编号，颜色编号由浅到深，颜色越深，数字越大	
		红色系（10~19）、黄色系（20~29）、蓝色系（30~39）、绿色系（40~49）、杏咖色系（50~59）、紫色系（60~69）、灰黑色系（70~79）、白色系（80~89）、杂色和格子色系（01~08）

（三）休闲风衣辅料区分析（表4-15、表4-16）

表4-15　休闲风衣辅料区表

成衣色号	供应商	辅料名称	颜色	规格	数量	单件用量	计量单位	计划用料数	加放损耗数	实际发料数
65#奶油杏仁色	云仙	树脂扣	咖啡色	2.5cm	1290	10	个	12900	2%	13158
70#珊瑚浅橘色	云仙	树脂扣	咖啡色	2.5cm	1284	10	个	12840	2%	13097
65#奶油杏仁色	山顶	帽带	米色	1cm	1290	0.2	m	258	2%	263
70#珊瑚浅橘色	山顶	帽带	米黄色	1cm	1284	0.2	m	256.8	2%	262
65#奶油杏仁色	云仙	面包扣	156#杏仁色	2cm	1290	2	个	2580	2%	2632
70#珊瑚浅橘色	云仙	面包扣	46#橘色	1cm	1284	2	个	2568	2%	2620
65#奶油杏仁色	云仙	面包扣	156#杏仁色	1cm	1290	6	个	7740	2%	7895

表4-16　休闲风衣辅料分析表

定义	辅料分析	
辅料编号	服装辅料是用于辅助服装生产的材料，辅料的编号和面料一样为了区别辅料，面料可以再辅料编号前面加个F	D-垫料、C-衬料、T-填料、K-扣类、L-拉链、S-装饰、X-线带、Q-其他（织唛、洗水唛、尺码唛、印标、皮标、挂牌及吊线、肩章、微单、包装袋、包装盒、胶带、划粉）

续表

定义	辅料分析	
辅料规格	其基本单位要求统一为国标（长度为m、重量为kg，作为库存报表、BOM计算的统一单位，采购、入库、出库可用设定的码、磅等任意换算单位），拉链、扣子、线带基本单位为BOM使用单位（粒、条、个等）	
树脂扣	树脂扣就是通常我们说的塑料制品聚乙烯树脂也可以叫做聚乙烯塑料，另外还有聚丙烯、聚苯乙烯、聚氯乙烯等组合树脂扣、两孔树脂扣、四孔树脂扣、牛角扣、木头扣、果实扣、仿果实扣、仿皮扣等广泛应用于晴雨伞和服装。因其颜色鲜艳丰富，所以在童装中的使用相当频繁	
帽带	帽带，最早起源于日本，由于织带两边拥有罗纹状的牙齿边，因此在市场上有各种各样的叫法，如横纹带（中国香港的叫法）、大陆厚身丝贴（港资专业染厂的叫法）、牙边带、木头机带、木梭机带等。目前国内市场上最常见的帽带材质是经纱人造丝，纬纱人造棉的品质。国内也有工厂生产涤纶低弹丝、涤纶长丝、全棉材质的帽带产品	
面包扣	面包扣是树脂扣的一种。其主要的材质是塑料，所有生活中的塑料，甚至塑料袋的塑料在化学上都叫做树脂，常见得种类很多有聚乙烯、聚丙烯、聚氯乙烯等这种塑料扣属于某种聚酯塑料	

第五章 服装生产流程和工序分析编写

第一节 服装生产流程图的构成与设计

服装生产流程是指服装生产过程中所必需的环节。由于服装生产过程中所采用的设备、工艺、生产组织形式及生产流水线都可以由不同的方式来组成,所以服装生产流程不是固定不变的。如何提高生产效率,关键在于对现有服装生产流程加以分析检查,通过不断分析比较,找出其不合理之处,采取一定的措施进行改进。

一、服装生产流程图的构成与设计

1. 服装生产流程图的构成

在服装企业里,服装生产流程随着生产的条件、服装款式的不同而异,但任何服装生产流程都由作业(加工)、检验、搬运和停滞四类工序所构成。服装在整个制作过程中,反复进行这四种活动,将面料、辅料等原材料转换成服装产品。

2. 服装生产流程图的设计

流程图是为某个生产流程提供信息的手段之一。它可用以表示工序之间、工艺阶段之间的关系,以及其他类似的因素,如移动距离、操作工序、工作与间断时间、成本、生产数据和时间标准。服装的生产流程是一个复杂的程序,任何个人的直觉都不可能反映出全部生产过程中相互间的关系,这也是生产低效率存在的原因。有了流程图的帮助,可以消除低效率问题,从而改进工作,使服装制作系统、有序地进行。

服装生产流程图是以服装产品为对象,运用流程图符号来描述产品在服装生产过程中各个工序上的流动状况,目的是了解产品从原料开始到成品形成的整个过程。它记录了服装生产过程的全部作业时序安排,同时也记录了从原料到制造成品的全部过程,指出部件间的相互关系和装配顺序。管理者通过流程图了解生产系统由哪些生产环节、多少工序组成、经过怎样的加工顺序,以便从全局出发分析、改进。

二、服装生产流程图的常用符号

在服装企业的各项生产活动中,常用一些图示记号来表示文字语言,达到简洁明了地传递工序信息的目的(表5-1)。

服装缝制操作中,为了更详细、更明确地表示工序内容,服装生产行业又制定规范了服装缝纫加工流程图的常用符号(表5-2)。

表5-1　服装生产流程图常用符号

活动类别	符号	符号说明
加工	○	根据作业目的，在工作过程中使物品发生变形、变质、组合或分解的过程，或为下道工序做准备的一种状态。如裁剪、车缝、熨烫等操作活动
搬运	↑○	移动物品使之改变位置的活动。如手工搬运、机械搬运、全自动化传输等现象
检验	□	检查或化验物品在数量上或质量上是否合乎标准，并进行评定。如裁片检验、半成品衣片检验、服装成品检验等
停滞	△ ▽	物品处于不加工、不搬运、不检查状态，有计划、有目的地存储或暂时停留不动的状态。如布料、辅料、裁片等停留于仓库
延误	D	下一活动不能连续进行所发生的停留或等待。如裁片或半成品等待搬运，由于下一行动未能即刻发生而产生的不必要也不可控制的停留或等待时间

注　物品指原材料、辅料、半成品、成品。

表5-2　服装缝纫加工流程图常用符号

记号	符号说明	记号	符号说明
○	平缝作业或平缝机	⊗	锯齿形缝纫机（作业）
●	特种缝纫机（作业）、特种机械	⊖	双针加固缝
◎	手工作业或手工熨烫	⊖	单针链缝
●	整烫作业	⊜	三针加固缝
⊕	双针针送式缝纫机	⊖	双针链缝
⊞	双针针送式中间带刀式缝纫机	●	双针包缝
I	平头锁眼机	⋏⋎	套结机
⊙	小圆头锁眼机	□	数量检查
⊙	圆头锁眼机	◇	质量检查
△	裁片、衣片、半成品停滞	▲	成品停滞

三、服装生产流程图的表示

1. 加工条件图示方法（图5-1）

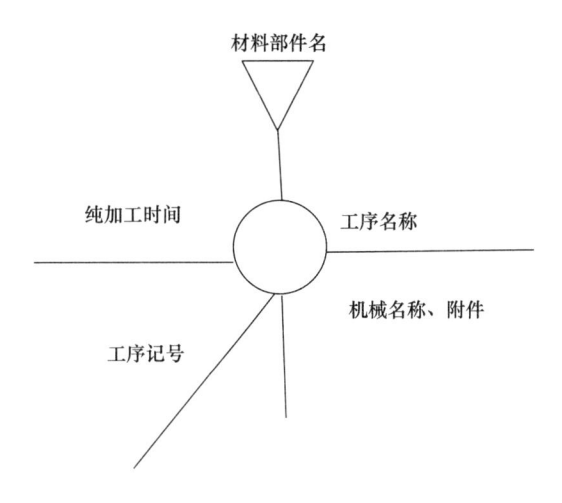

图5-1　加工条件图示

2. 配置方法

常用的配置方法有四种方式，如下：

①大物品与小物品的配合［见图5-2（a）］。
②两个大小相同物品的配合［见图5-2（b）］。
③三个同样大小物品的配合［见图5-2（c）］。
④两个同样大小物品与一个小物品配合［见图5-2（d）］。

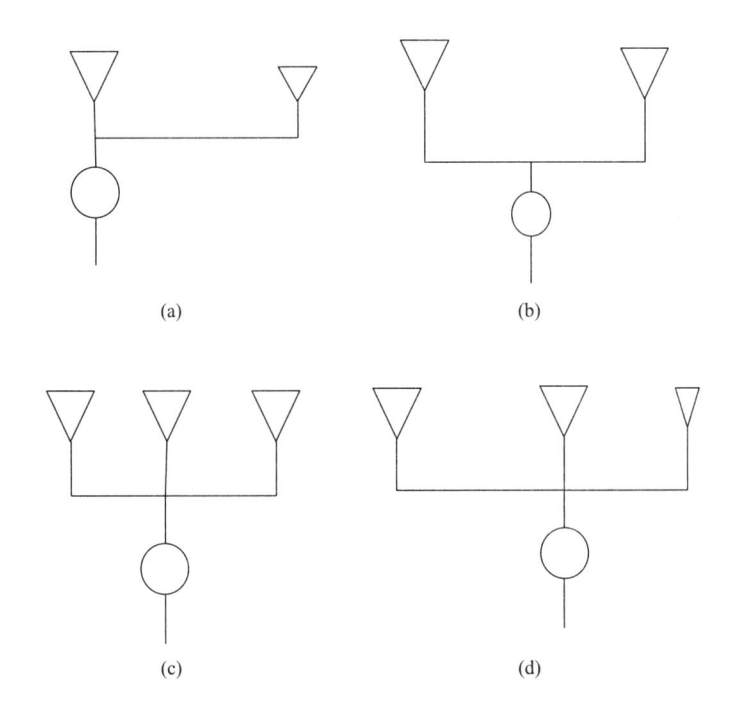

图5-2　配置方法图示

3. 衬衫产品的工序配置表示（图5-3）

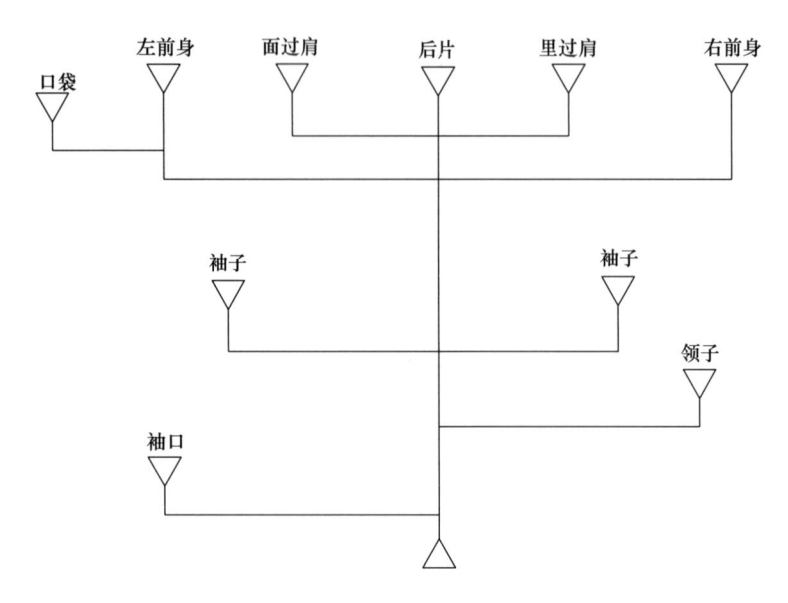

图5-3　衬衫的工序配置图

4. 西裤的工序配置表示（图5-4）

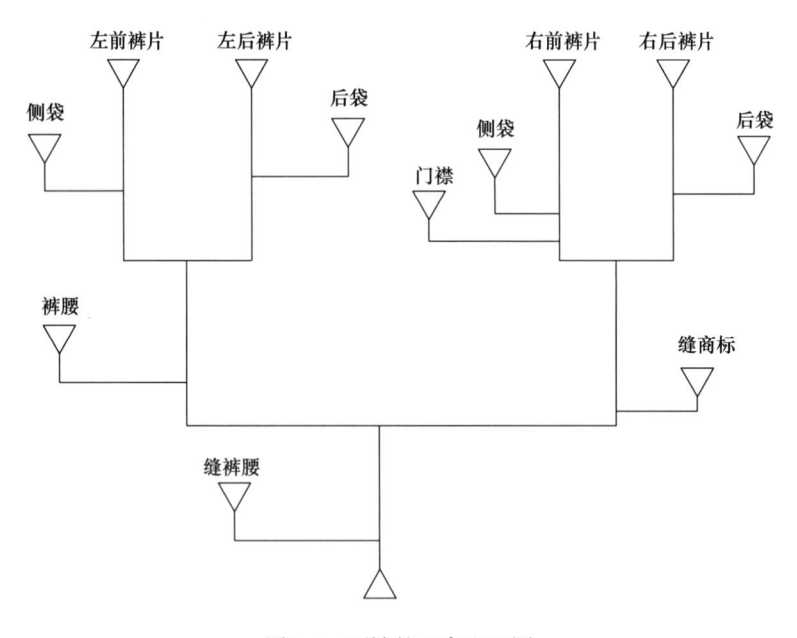

图5-4　西裤的工序配置图

用工序流程图来表示的服装生产流程，从服装部件到组成成品再到服装产品的整个生产工序流程，一目了然地表达了作业顺序及其相互间的关系、使用的机器设备、加工时间等。全部记录齐全后，还可编制综合表，如表5-3所示。

表5-3 服装生产流程综合表

记号	使用设备	工序数	标准时间（s）	构成比（%）	记号	使用设备	工序数	标准时间（s）	构成比（%）
△	手工操作	8	95	7.7	∣	锁眼	1	51	4.1
⊙	蒸汽熨斗	5	288	23.3	⊙	钉纽扣	1	42	3.4
○	平缝	10	449	36.4	△	标牌折叠机	1	5	0.4
◐	双针包缝	4	168	13.6	○	烫领角机	1	36	2.9
◑	下摆包缝	2	60	4.9	◎	折袋机	1	26	2.1
◉	改进包缝	1	15	1.2	合计	—	35	1235	100

第二节　服装生产工序分析编写

一、服装生产工序定义与分析

1. 服装生产工序定义

工序是工艺流程的基础，是工艺流程的一个重要组成部分。服装生产企业中，有多种缝制加工方式，大致可分为单独整件缝制、粗分工序加工和细分工序加工。

工序可以解释为在进行分工操作时被划分的比较细的操作单位，它包含两个意思：第一个表现的是裁剪—缝制—完成一连串操作全部的流水情况。第二个表现的是上袖—侧缝等一连串操作的一个阶段，一个人所担当的分工作业中的最小单位。在这一章里我们所说的工序分析，指的是后者分工作业中的最小单位。

工序分析是指对基本材料加工使之成为成品这一过程的所有作业进行分解，明确每个加工步骤的作业性质、先后顺序、使用设备以及所消耗的时间等内容，以便有效地利用劳动力和设备，确保产品以最快的速度、最低的成本被加工出来。

服装企业里，服装产品生产从材料投入到制成成品的过程可分为加工、检查、停滞和搬运四大工序。

2. 服装生产工序分析的目的

工序分析是对各阶段的作业进行观察、调查，甚至分解其内容，用专门的记号将作业内容、顺序等画成图表，然后加以评价，以谋求工序综合性、根本性改善的手法。

（1）工序分析的目的：

①把握工作系统的全貌，明确各工序的加工顺序，制成工序一览表。

②把握工序流动的顺序，阐明工序的前后关系。

③知道各工序的大致时间，工序的平衡状态。

④作为作业人员或外加工作业的指导书。

⑤便于找出工时过大、有潜在问题的工序。

⑥能充分考虑节省作业分工的时间和费用。

⑦能使整个作业流程合理化、简单化及高效化。

（2）工序分析后的改善方法：

①排除法：从另外一个高的角度来看，就能发现无用的作业。

②结合法：将类似的作业一起分析，具有不可小窥的作用。

③交换法：改变作业的顺序，替换作业人员。

④精减法：削减作业的次数、距离。

二、服装生产工序分析的种类特征与工序分析方法

（一）服装生产工序分析的种类与特征

工序分析的种类很多，可按工序划分的粗细和工艺目的两种情况来分类。这里我们按照工艺目的来分，有以下四种：

①产品工序分析。

②操作人员工序分析。

③事物用工序分析。

④搬运工序分析。

服装厂在进行作业研究时，常采用产品工序分析，接下来我们将介绍产品工序分析。

工序分析的最大特征，是运用记号来表现生产制作的过程；并且用图表的形式表现出来，称之为工序分析表。这里所使用的记号是工序分析记号。

（二）工序分析的方法

1. 产品工序流程分析

产品的工序流程是用工序流程图来表示的，它是从衣片部件到组装成服装产品的整个生产工序流程，一目了然地表达了作业顺序及相互间的关系、使用的机器设备或工具、加工时间等。产品工序流程分析就是对照工序流程图表、运用方法研究对整个生产工序各项技术提出问题或提出存在的问题，寻求改进的措施。

（1）工序流程分析的用途：

①通过对产品工序流程的分析，发现服装生产过程中存在的问题和关键环节，并能运用工序分析技巧，解决问题。

②工序流程按照制造顺序编成，标出所需加工时间，故可作为编制作业计划及核算工人工资的依据。

③作为工厂平面布置、设计新工艺流程、改进工艺流程和改进设备的依据。

④作为比较本厂与其他工厂加工时间的评定基准资料,了解本厂的生产能力,拟定今后的生产目标等。

⑤便于作业人员了解产品的整个生产过程,明确自己担任的工作内容。

(2)工序流程分析的方法:

①设问技术。它是从目的、地点、时间、人员、方法五个方面提出问题,故又称五问技术,每个方面都可以再深入地提出几个问题,尽量把可能遇到的方面全部考虑到。

目的(WHAT):做什么?
　　　　　　　为什么做?
　　　　　　　其他还可以做什么?
　　　　　　　应当做些什么?——使工作目的进一步明确。

地点(WHERE):在哪里做?
　　　　　　　　为什么在那里做?
　　　　　　　　还可以在哪里做?
　　　　　　　　应当在哪里做?——选择适合的工作场所(部门)。

时间(WHEN):什么时间做?
　　　　　　　为什么在这时做?
　　　　　　　可能在什么时间做?
　　　　　　　应当在什么时间做?——选择最适当的时机。

人员(WHO):谁来做?
　　　　　　为什么由他来做?
　　　　　　其他什么人还可以做?
　　　　　　应当由谁来做?——确定最理想的作业者。

方法(HOW):如何去做?
　　　　　　为什么这样做?
　　　　　　还有别的什么方法?
　　　　　　应当如何做?——确定最好的工作方法。

上述方法简称4W1H五问技术,按照这样的顺序提问和思考,有助于防止遗漏。上述五方面的问题一旦有了答案,方法研究的成果就有了眉目。

②工作改进技巧。采用上述的设问技术对工序流程图进行分析时,还可以从取消、重排、合并、简化四个方面考虑改进措施,这种方法简称工作改进四种技巧。使用四种技巧,可使工序编排合理,降低生产成本,提高工时效率,如图5-5所示。

③编写工序编号。工序分析图编制完成后,应按各构成部件的内容,在工序记号的右边(或中间)编写作业分类编号(表5-4)。

(a) 省略工序　　　　　　　　　(b) 变更顺序

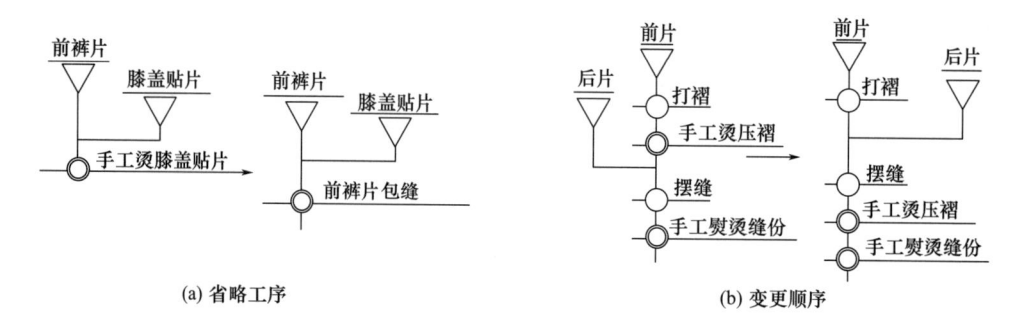

图5-5　工作改进技巧

表5-4　作业分类编号（上装）

编号	作业内容	编号	作业内容
C	衣领部件作业	F	前片作业
CC	袖口部件作业	B	后片作业
P	其他部件作业	A	组装作业
S	衣袖作业	有时也可组合运用，如：	
L	里料作业	LF——前片面、里料部件 LB——后片面、里料部件	

④填写工序加工时间。根据基准表或经过时间研究得到的各工序加工时间值，在工序记号的左下角填写加工时间数值，如图5-6所示，图中时间单位为秒，用s表示。

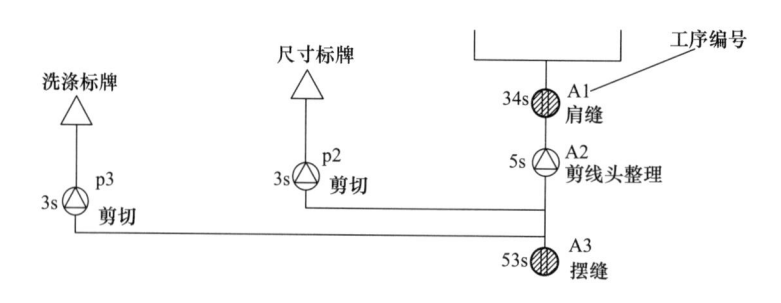

图5-6　工序加工时间的填写方法

⑤填写综合表。在工序分析表的空栏处，以综合表的形式填写按机器及作业性能分类的各种工序记号、使用设备、工序数、标准加工时间及构成比例等内容，产品名称、生产日期、制表人姓名等也要填写。

（3）工序流程图分析与编制实例（图5-7）：

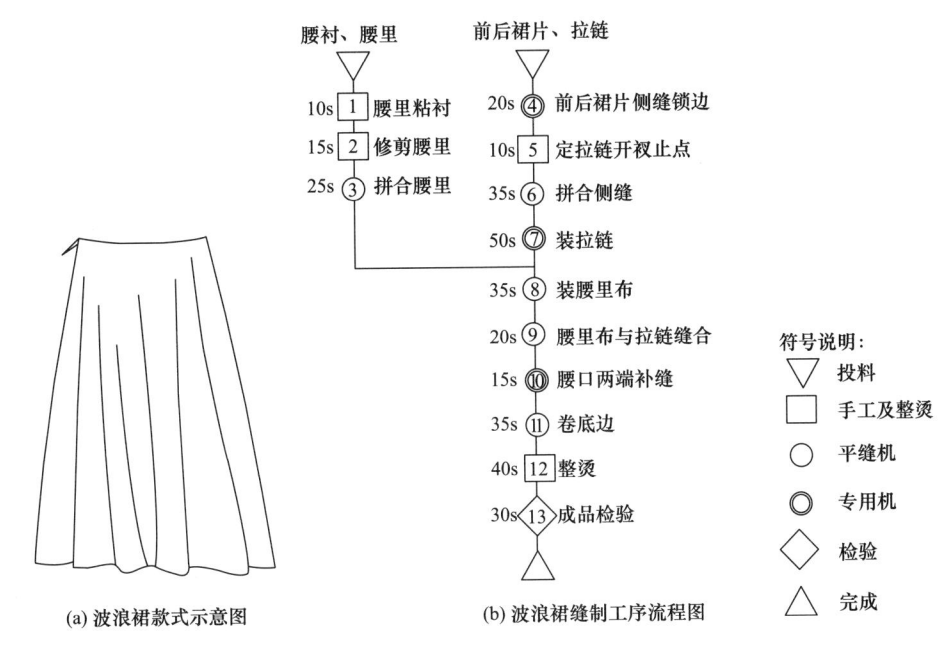

图5-7 工序流程图分析与编制实例

（4）作业工序时间统计表：

对于男西装、女装等工序数目较多的服装产品，用工序流程图统计各种服装机械或工具的加工时间比较麻烦，为此，可采用表5-5所示的作业工序时间统计表。通过每个构成部件（领、袖、前片等）加工时间的分类整理，简明地表达出整个作业时间。作为一种辅助资料，它还可用于工序流程的时间统计和生产计划作业平衡的依据。

表5-5 作业工序时间（s）统计表

编制日：　　　　　　　编制者：　　　　　　　　　　　　　　　　　　　单位：s

产品		波浪裙											
		T/C棉布	机械名	手工操作	蒸汽熨斗	平缝机	双针包缝	下摆包缝	专用机	锁眼	钉扣	检验	累计
整理No.	工序编号	工序名											
1	1	腰里粘衬			10								
2	2	修剪腰里		15									
3	3	拼合腰里				25							
4	4	前后裙片侧缝锁边							20				
5	5	定拉链开衩止点		10									
6	6	拼合侧缝				6							
7	7	装拉链							50				
8	8	装腰里布				8							
9	9	腰里布与拉链缝合				20							

续表

产品 整理 No.	波浪裙 T/C棉布 工序编号	工序名	机械名	手工操作	蒸汽熨斗	平缝机	双针包缝	下摆包缝	专用机	锁眼	钉扣	检验	累计
10	10	腰口两端补缝							25				
11	11	卷底边				35							
12	12	整烫			40								
13	13	成品检验										30	
		时间合计		35	50	94			95			30	304

（5）制作工序图的基本步骤：

①预备产品样本及工序流程表表格。

②填写产品名称、款号、绘制流程表日期及制表人姓名。

③检查成衣裁片数目及车缝组合的次序，分捆扎的方法，然后决定衫片进入主生产流程的位置。

④由成衣碎料部件开始分析，然后将结果填入表内，切勿遗漏任何一个必要部件。

⑤最后分析成衣主身工序，然后依照工序次序填入表内。

⑥根据工序次序，在工序符号填入机器设备后进行时间分析，量度加工时间，将结果输入表内，亦可通过车缝数据系统估计结果。

⑦在每部件栏底，填写所有部件加工所需的总时间。

⑧在总工时一栏内填写处理部件的总工时。

2. 产品工序工艺分析

产品工序工艺分析一般采用工艺分析表，该表是用工序图示符号表示产品或部件在生产过程中所发生的操作（如搬运、检验等）工序次序的图标。在表中要记录工序加工时间、移动距离等工序分析资料。工艺分析表的式样很多，通常都在表的中间位置安排工序图记号，右侧简要记载作业条件，左侧记载加工、检查等所需要时间和搬运距离等。通过对加工、搬运、检验、停滞四种工序工艺的调查和分析，研究并提出方案。

（1）分析要点：

操作分析、搬运分析、检验分析、储存分析、延迟分析。

（2）工艺分析表编制步骤：

①准备好工艺分析表格，在概要栏填写产品编号、品名和生产量。

②在项目栏中填写工序（操作内容）。

③在数量、距离、时间、机械名、工具等栏内，分别填写该工序的调查项目。当搬运时间较短时，可与停滞时间相加后填入。

④根据工序要求，在记录栏内盖上检验的印记。

⑤将调查中考虑到的改进方案记录在改进要点一栏内。

⑥根据产品工序流程，按顺序反复调查②③④⑤等内容，调查结束后，用直线连接记号栏内的各个点。

⑦分析讨论，根据前述要点逐项分析研究，提出改进后的工序分析表。

三、服装生产工序分析注意事项

（1）不要弄错对象：是以作业人员为中心，还是以制品为中心，一开始就要明确下来。

（2）确实进行分析：为了取得改善效果，先要明确分析的目的。如果分析目的不明确，自然就不会有改善方案出来。

（3）确定分析范围，以免产生分析遗漏。范围不确定，要么分析过头，产生混乱；要么分析太少，产生遗漏。

（4）在生产现场，与作业人员一起思考和分析。自己一个人分析，不看实际作业的话，必然产生疏漏和错误，听取作业人员的意见是分析中不可缺少的一环。

（5）工序流程变化时，以最基本的生产流程进行分析。对流程变化之处，可以作为参考点记录下来，也可以对各个变化内容再逐一分析。

（6）分析过程中想好改善方案。与其等到分析结果出来以后，再来考虑改善方案，还不如边分析边考虑改善方案更有效果。

（7）考虑改善方案时，首先要考虑工序整体的改善方案。

第三节　服装生产工序分析编写实例

一、牛仔裙生产工序分析示例
（一）牛仔群款式图（图5-8）

图5-8　牛仔裙款式图

（二）牛仔裙的生产工序流程图（图5-9）

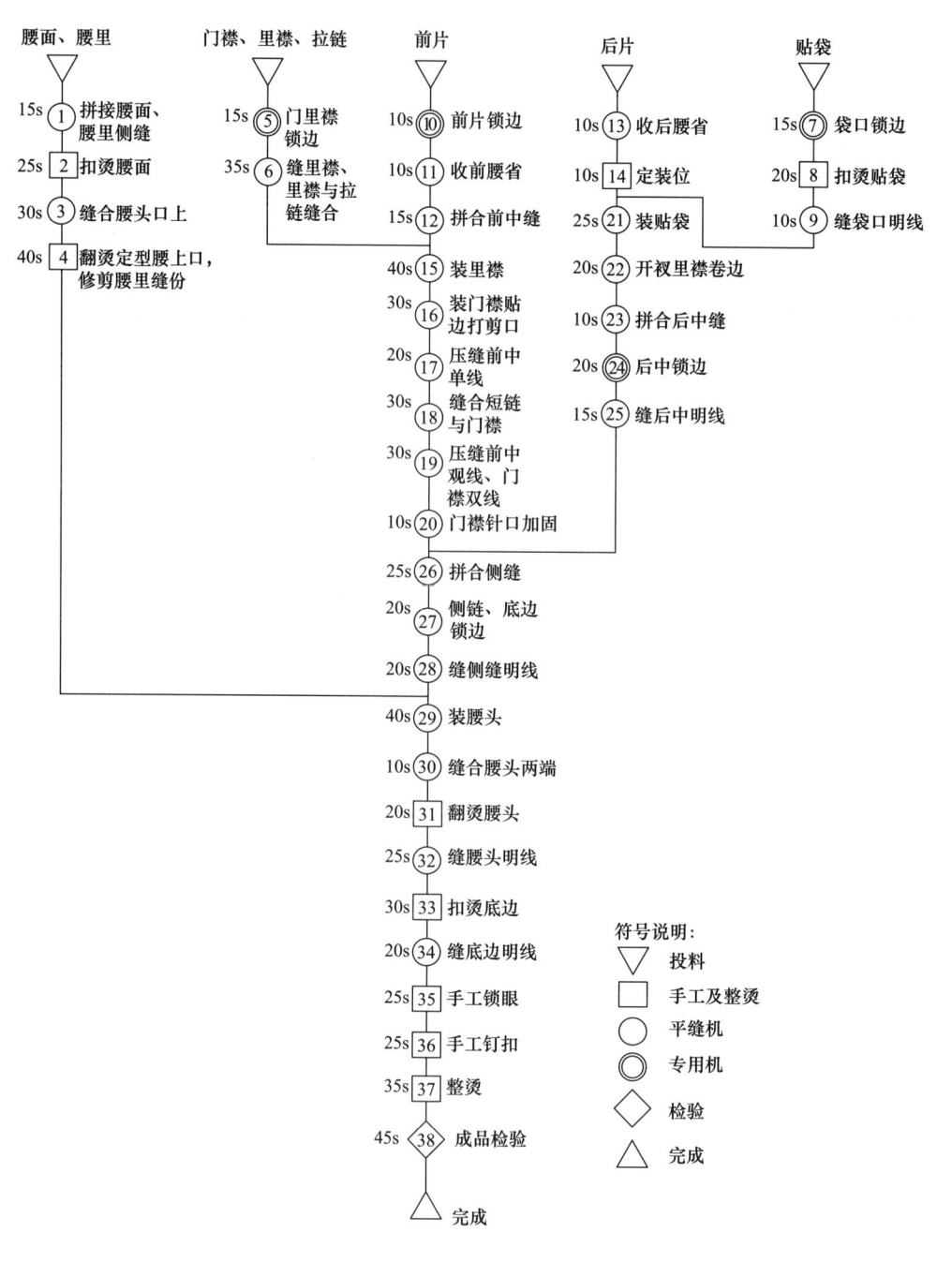

腰面、腰里　　门襟、里襟、拉链　　前片　　　　　后片　　　　　贴袋

- 15s ① 拼接腰面、腰里侧缝
- 25s ② 扣烫腰面
- 30s ③ 缝合腰头口上
- 40s ④ 翻烫定型腰上口，修剪腰里缝份

- 15s ⑤ 门里襟锁边
- 35s ⑥ 缝里襟、里襟与拉链缝合

- 10s ⑩ 前片锁边
- 10s ⑪ 收前腰省
- 15s ⑫ 拼合前中缝
- 40s ⑮ 装里襟
- 30s ⑯ 装门襟贴边打剪口
- 20s ⑰ 压缝前中单线
- 30s ⑱ 缝合短链与门襟
- 30s ⑲ 压缝前中观线、门襟双线
- 10s ⑳ 门襟针口加固
- 25s ㉖ 拼合侧缝
- 20s ㉗ 侧链、底边锁边
- 20s ㉘ 缝侧缝明线
- 40s ㉙ 装腰头
- 10s ㉚ 缝合腰头两端
- 20s ㉛ 翻烫腰头
- 25s ㉜ 缝腰头明线
- 30s ㉝ 扣烫底边
- 20s ㉞ 缝底边明线
- 25s ㉟ 手工锁眼
- 25s ㊱ 手工钉扣
- 35s ㊲ 整烫
- 45s ㊳ 成品检验

- 10s ⑬ 收后腰省
- 10s ⑭ 定装位
- 25s ㉑ 装贴袋
- 20s ㉒ 开衩里襟卷边
- 10s ㉓ 拼合后中缝
- 20s ㉔ 后中锁边
- 15s ㉕ 缝后中明线

- 15s ⑦ 袋口锁边
- 20s ⑧ 扣烫贴袋
- 10s ⑨ 缝袋口明线

完成

符号说明：
- ▽ 投料
- □ 手工及整烫
- ○ 平缝机
- ◎ 专用机
- ◇ 检验
- △ 完成

图5-9　牛仔裙生产工序流程图

（三）软件绘制的牛仔裙生产工序流程图

绘制服装生产工序流程图必须遵循下列原则：

（1）每个部件用"▽"符号表示开始，按工序流程绘制部件的加工工序记号，用"△"

符号表示工序结束。

（2）整个生产过程的工序流程图用垂直线表示，材料、零部件的进入用水平线表示，两线之间不能相交。

（3）作图前，选择作业线上操作次数最多的零部件作为基准，将该件的作业程序绘于图的最右侧，作为基准作业线，然后在顶端向左绘一条水平线，以表示材料、零部件进入作业线，以后的裁片部件可按顺序绘制出操作、检查的内容。

（4）按生产流程图的绘制方法把各工序的材料数量、内容、顺序号、所用工具、定额时间等标出来。

（5）操作和检查，按出现的顺序分别编号，遇到水平线时转到水平线的作业线接着编。

（6）绘制流程图可按服装部件工序流程图和服装整件工序流程图两步进行。

（四）CorelDRAW工具介绍

1. 直线的绘制

（1）选择贝塞尔工具，鼠标单击一次是一个点，再点击一下，鼠标右键结束。

第一步　　　　　第二步　　　　　第三步

（2）三角形的绘制

①选择贝塞尔工具，鼠标左键点击三次，画一个三角形。

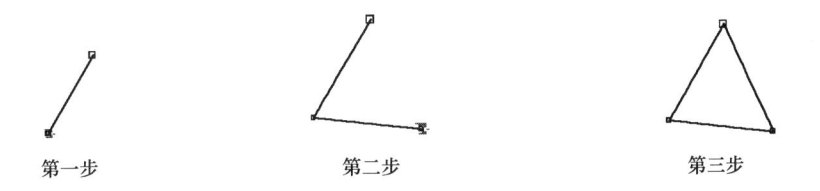

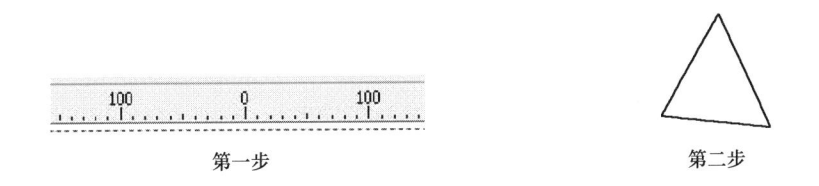

第一步　　　　　第二步　　　　　第三步

②修正三角形，使不规则形变为规则形。选择辅助线工具。

第一步　　　　　第二步

③再选择修改工具选中三角形，三角形三个顶点变为蓝色，每个顶点进行修改。线条加粗，选择。

第一步　　　　　　　　　　　第二步

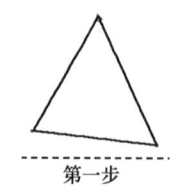

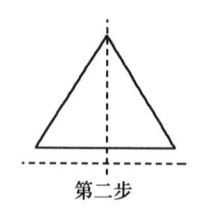

2. 圆形的绘制

选择椭圆形工具，按住Ctrl键，拖动鼠标左键，绘制出一个椭圆。再单击左键完成。

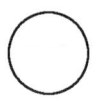

3. 正方形的绘制

选择矩形工具，按住Ctrl键，拖动鼠标左键，即可绘制出一个正方形。

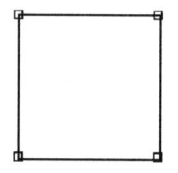

4. ◇的绘制

①先绘制一个正方形，方法同上。
②单击对象可旋转或倾斜，旋转至需要的形状，左键结束。

二、休闲男衬衫生产工序分析示例

休闲男衬衫款式图如图5-10所示。

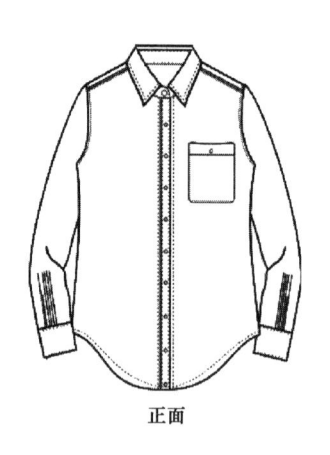

正面　　　　　　　　　　　背面

图5-10　休闲男衬衫款式图

（一）休闲男衬衫生产工序流程图（图5-11）

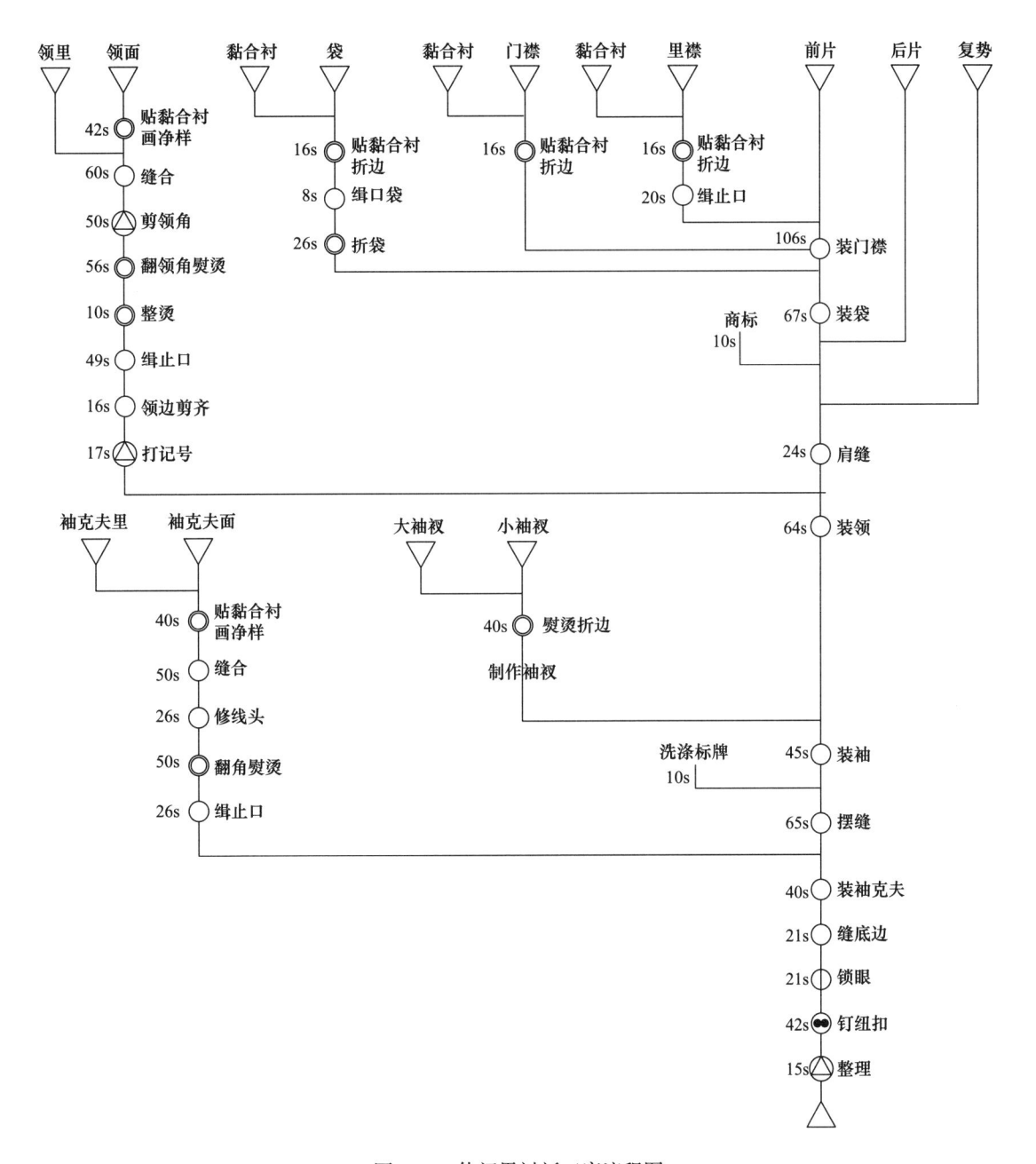

图5-11　休闲男衬衫工序流程图

（二）绘画软件介绍

从男衬衫的工序流程图可以看到主要由三角形、圆形和直线组成。能绘制出这些记号的常用软件有：Word，PowerPoint，CorelDRAW这么三款软件。

1. Word软件

Word软件绘制三角形和圆形比较好，但是绘制线条时不容易拼接，线条重复较多，且不容易修改，图表也不够清晰，不能达到完美效果，如图5-12所示。

2. PowerPoint软件

PowerPoint软件绘制的图表效果不错，线条也比较清晰，吻合度也好，各个形状的连接无多余线条。但是，如果想要把绘制的工序流程图打印出来，给作业者作为参考，必须以图片的形式导入到Word里面，导入后如果发现有错误，在Word里则不能再次修改，这是它最大的缺点。但是可以在PowerPoint里进行修改，检查无误后，再导出。

图5-12　Word软件绘制的工序图

3. CorelDRAW软件

CorelDRAW软件的优点比较多，绘制三角形的时候，不像其他2个软件直接有这个形状，而是通过贝塞尔工具先绘制个大概，然后再修改成三角形。绘制圆形和直线则比较容易。这个软件可以调节图片的像素、分辨率，这样打印出来会比较清晰如图5-13所示；如果是想出书的话，CorelDRAW软件是必须用的，它是效果最好的软件，导出时还有很多的格式可供选择，这也是其他两个软件无法比拟的。

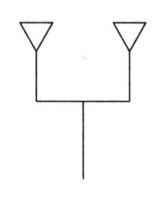

图5-13　CorelDRAW软件绘制的工序图

（三）CorelDRAW软件工具介绍：

1. △形的绘制

①先绘制一个椭圆。选择椭圆形工具○，按住Ctrl键，拖动鼠标左键，绘制出一个椭圆。再单击左键完成。

②绘制三角形。选择贝塞尔工具，鼠标左键点击三次，画一个三角形。

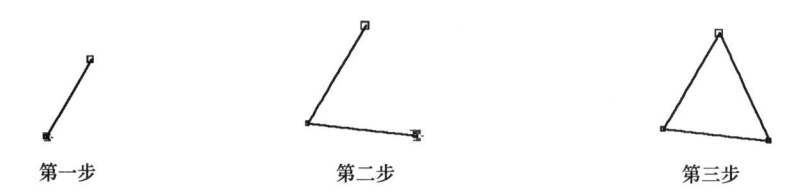

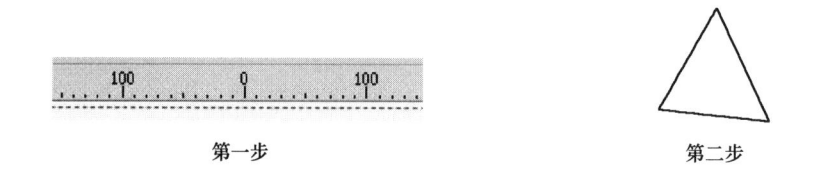

第一步　　　　　　第二步　　　　　　第三步

③修正三角形，使不规则形变为规则形。选择辅助线工具。

第一步　　　　　　　　　　　　第二步

④再选择修改工具选中三角形，三角形三个顶点变为蓝色，每个顶点进行修改。线条加粗，选择 1.5 mm 。

第一步　　　　　　　　　　　　　第二步

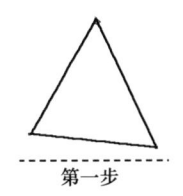

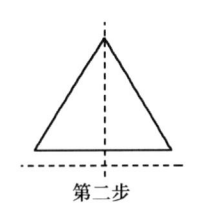

⑤将三角形放置在圆形里面，使用鼠标拖动。鼠标单击三角形，点击中心点拖至圆圈，选择修改工具，单击三角形三个顶点，拖至圆的边缘处。

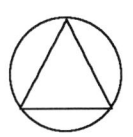

2. ◯ 的绘制

①选择椭圆形工具，按住Ctrl键，拖动鼠标左键，绘制出一个椭圆。再单击左键完成。

②复制椭圆。单击椭圆，按住鼠标左键拖动，右键结束。拖动小圆至大圆内，中心对准。

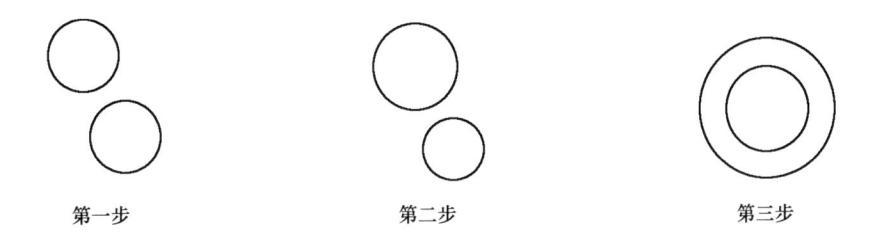

第一步　　　　　　　　　第二步　　　　　　　　　第三步

3. ⓘ 形的绘制

先绘制一个圆，再使用贝塞尔工具，绘制一条直线，再复制直线，最后在两线中点连接即可。

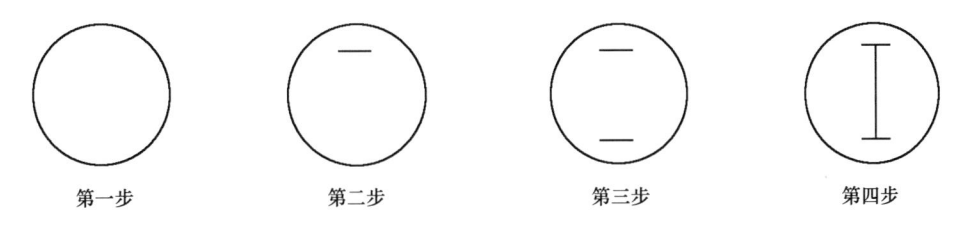

第一步　　　　　第二步　　　　　第三步　　　　　第四步

4. ⊙形的绘制

先绘制一个椭圆，再复制两个椭圆，将复制的椭圆缩小至需要的大小，单击缩小后的椭圆填充黑色。

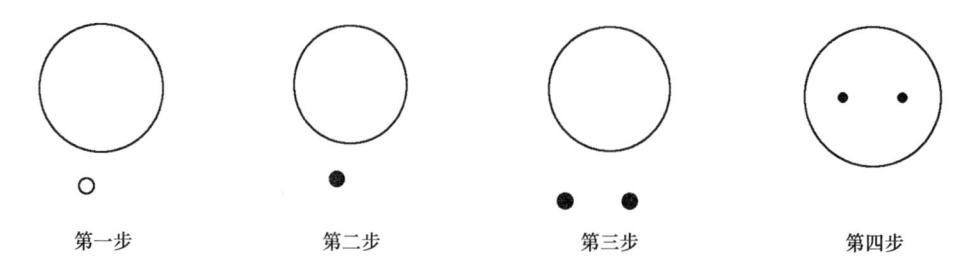

第一步　　　　第二步　　　　第三步　　　　第四步

三、休闲牛仔裤生产工序分析示例

此款牛仔裤总共有30道生产工序。要求技术科生产工序编写人员必须：

①要了解该款式的外部、内部、细部的结构，明确客户已经更改过的相关资料，以便在工序编写中及时改进。

②要明确该款男西裤的整个工艺流程，以及运用的设备，要有清晰的划分要求。

③要能运用秒表或者基准表研究得到各工序的加工时间值，并在工序记号的左下角填写加工时间的数值，一般时间单位为秒，常用"s"表示，相关内容前面章节有过介绍。

④编写人员要有高度的责任心，耐心仔细的工作态度。对待任何一个款式，始终都要明确工序编写的重要性。要使每一名工人都能专注于固定而简单的作业，确保生产流畅。

（一）牛仔裤款式特征

此款牛仔长裤面料为弹力府绸，另绱腰头，五个马王襻，前片左右各一月牙袋，右袋处一小钱袋，前开门襟，门襟腰头处锁圆头眼，敲工字扣。后片育克，左右各一贴袋（图5-14）。

（二）牛仔裤生产工序编写

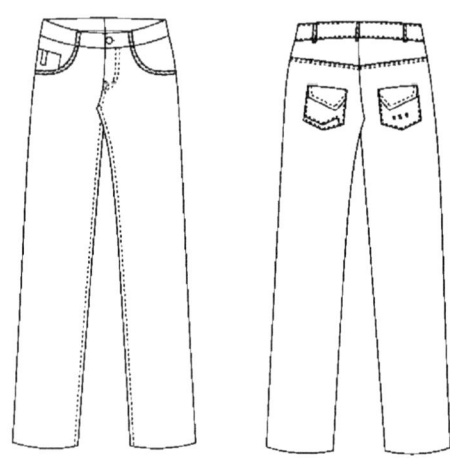

在编写生产工序时要运用符号说明（表5-6），符号能简洁明了的表达"要做什么？接下去应该怎么做？要使用到什么机器？……"符号可以用CorelDRAW软件画，而且比较标准，已在衬衫实例分析中作过详细介绍。由于个别的像 ▽ 表示投料，□表示手工，我们也可以在电脑的"插入"中用

图5-14　休闲牛仔裤款式

表5-6　牛仔裤工序符号说明

符号	名称	符号	名称
▽	投料	□	手工
○	平缝机	⌀	锁眼机
⊘	熨斗	◇	质检
⊙	锁边机	⊠	拷扣机
Ⓜ	套结机	△	完成

"形状工具"去寻找想要的符号。我们可以用直线连接每一道步骤,组合成一张工序图,清晰明了地概括。

(三)休闲牛仔裤生产工序流程图(图5-15)

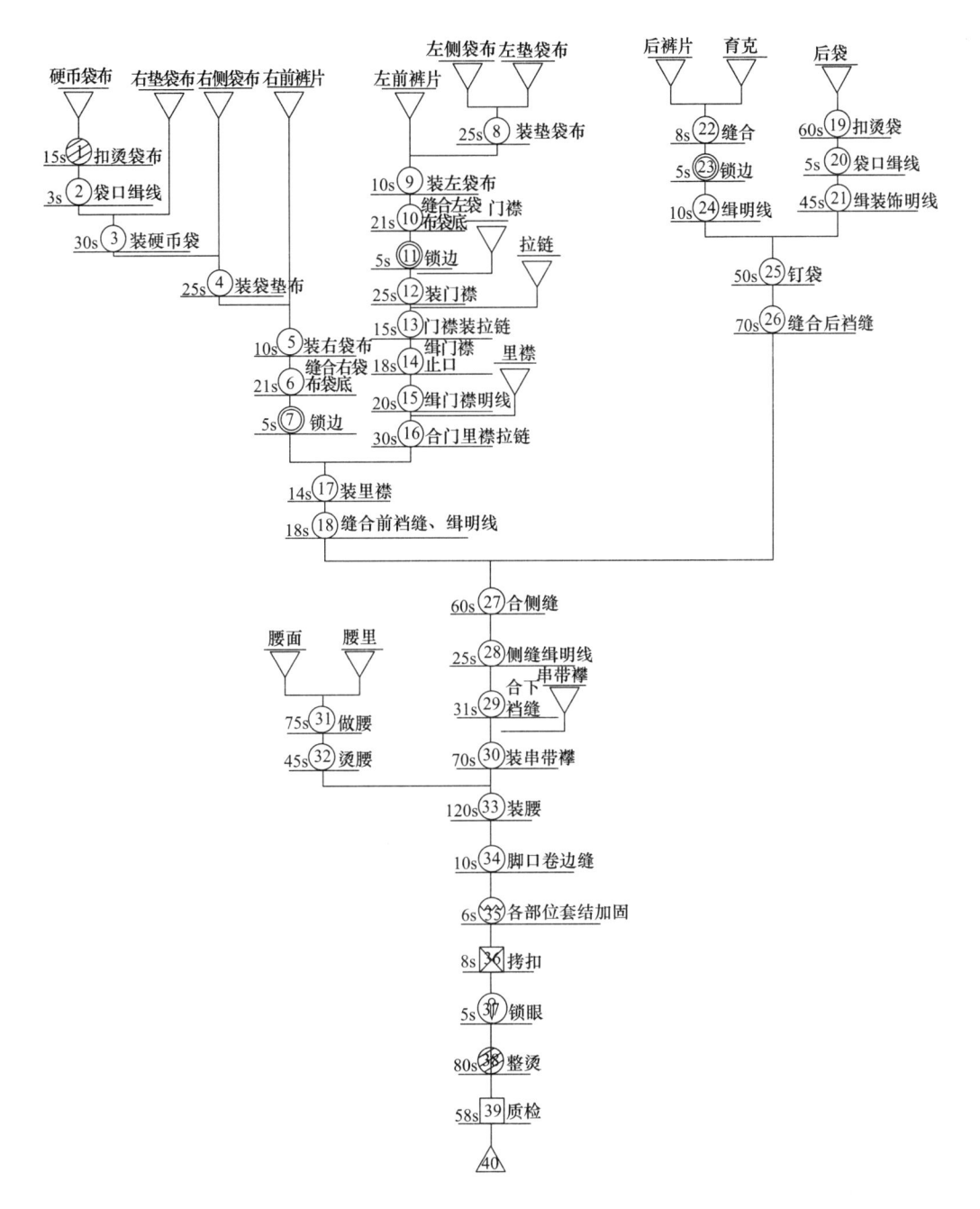

图5-15 休闲牛仔裤生产工序流程图

第六章　服装生产工艺卡的编写

第一节　服装生产工艺卡的定义与作用

在服装企业中客户对产品的要求越来越高，这就要求企业必须有更加严格、完整的管理体系，而工艺卡的制作运用则大大提高了产品的质量与生产速度。工艺卡能全面反映产品的细部操作过程以及制作本道工序所用的机器、机针等方面的信息，进一步规范了产品制作过程。

一、服装生产工艺卡的定义与作用

（一）服装生产工艺卡的定义

工艺卡即加工作业指导书，是指导具体生产工序的生产内容、质量标准和工时产量定额的技术文件，用于生产流水线中。工艺卡的内容包括：每道工序详细的操作说明、用图示标明主要部位的要求以及所用设备工具、加工技术要求、工时定额等。

（二）服装生产工艺卡的作用

编制工艺卡的目的是制定科学、易操作、符合标准或客户要求的检测工艺。其作用是指导监测人员按照工艺卡的规定进行检测，即可达到预期的要求。工艺卡是员工操作的指路明灯，内容一定要全面，最好是图文并用，重点项目一定详细。工艺卡是用来指导工人现场生产产品的指导书，要求详细地注明每一道工序的制作要点，且保证清楚明了，针对每道工序编写，以规范生产、提高效率。

（三）服装生产工艺卡的编写要求

做工艺的一定要管理工艺，一方面要让工人按工艺操作，另一方面要不断改进工艺。工艺卡一般为表格形式，图文并茂，文字简介，方便工人使用。一个完整的工艺卡，应包括"人""机""料""法""环"五要素，整份工艺卡要体现此要求。

"人"：对作业员的规定；"机"：使用何种工具或机器；"料"：使用何种面料；"法"：使用何种加工方法；"环"：要求的作业场所。

二、服装生产工艺卡的组成、企业术语以及示例

（一）服装生产工艺卡的组成（图6-1）

由于各企业生产的产品以及管理模式都各不相同，因此没有统一的工艺卡格式。各企业都是根据自己的生产车间实际情况来制订的工艺卡，只是形式不一样，其中的内容是大同小异的，作为教材我们选择常用的一般格式作讲解与分析。

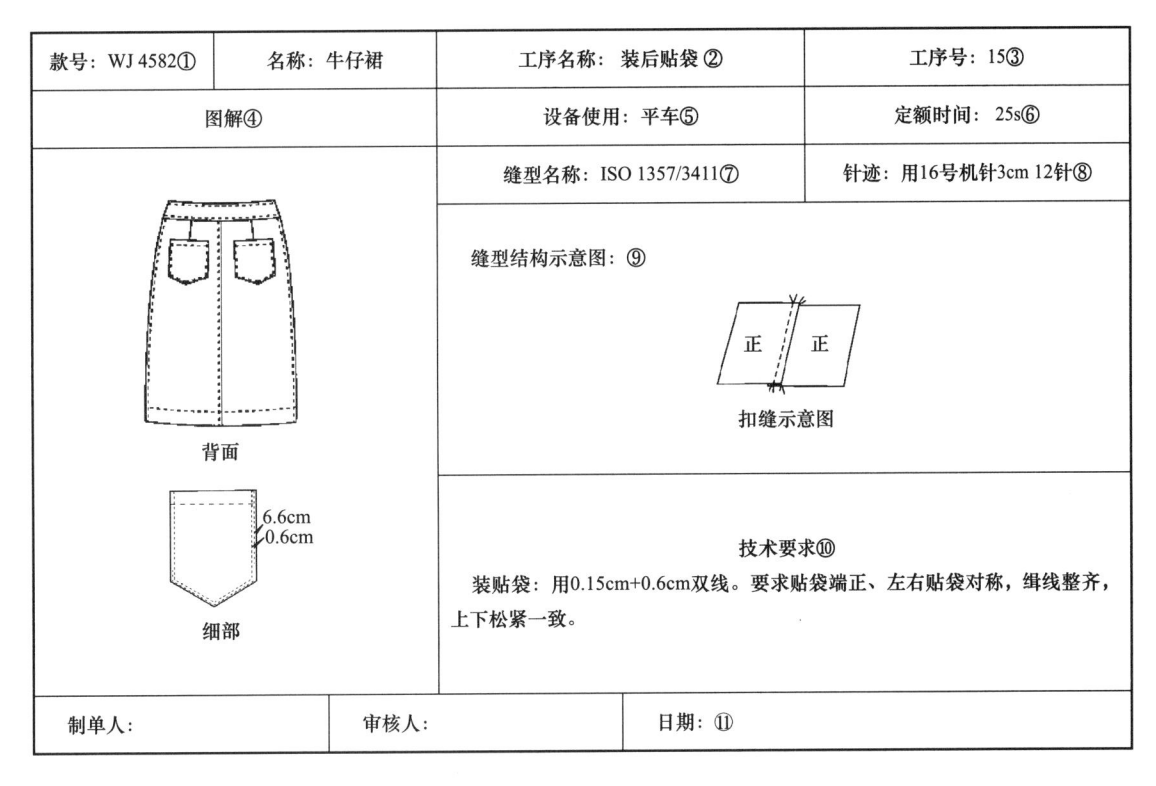

款号：WJ 4582①	名称：牛仔裙	工序名称：装后贴袋②	工序号：15③
图解④		设备使用：平车⑤	定额时间：25s⑥
		缝型名称：ISO 1357/3411⑦	针迹：用16号机针3cm 12针⑧
		缝型结构示意图：⑨ 扣缝示意图	
		技术要求⑩ 装贴袋：用0.15cm+0.6cm双线。要求贴袋端正、左右贴袋对称，缉线整齐，上下松紧一致。	
制单人：	审核人：	日期：⑪	

图6-1　牛仔裙生产工艺卡

①款号：一般由客户提供，一个款式对应一个款号，由英文字母和数字组成，但款号比较长。企业各部门在交流时感觉比较长，都会简略直接用数字代表。

②工序名称：主要是技术科工艺单编写时要明确写清楚这个工艺卡中的内容以便工人在操作时进行对号入座。

③工序号：表示这个部件的工艺在整件产品的工序中是第几道工艺，以便在产品检验时能发现问题及时纠正。

④图解：以一个款式图的展示，要生产的产品的正背面款式图，以及部分的细部的放大图，让操作员一目了然，防止与其他款式混淆。

⑤设备使用：指该产品的这道工艺所要使用的机器，可以是一种或者2种以上，还有可能为了能进一步的提高产品的质量与速度，借此提高产量，要运用到特种机，工艺员要编写清楚，图文并茂。

⑥定额时间：企业讲究质量与效益，因此一件产品，以及产品中的每道工序所用多少时间是非常重要的，因此需要技术科的工艺员运用秒表或者其他设备精确地测算出每道工序需要多少秒，以便操作人员能以此为参照提高每天的日产量。

⑦缝型名称：即服装行业的工程语言，国际标准中ISO 4916，缝型标号由斜线前5位阿拉伯数字和斜线后的线迹代号所组成，×.××.××/×××，左起第一个数字表示缝型类别用数字1~8分别表示八类缝型。左起第二、三位表示缝料布边的配制形态用01~99两位数字表示。如布边对齐、错开、叠搭、包边等形态。左起第四、五位表示机针穿刺缝料的部位和形

式，用01~99两位数字表示。缝制所用的线迹编号放在缝型代号后面，用斜直线分开，如果一个缝型要用几种线迹，则线迹编号自左向右排练。

⑧针迹：主要是指缝制这个步骤所要用到的机针号数。一般我们是根据面料的厚薄而定面料越厚机针的号数就越大，反之则相反。还有个别是客户要求并指定一定型号以及号数的机针。

⑨缝型结构示意图：在服装上缝有很多种来去缝、平缝等或者是企业自定的缝，现在的款式变化比较丰富，一个款式中有很多缝，工艺员必须用画出缝的示意图来告知操作者，以免缝型上的错误，从而导致产品的不合格。

⑩技术要求：技术要求是每张工艺卡的核心部分，工艺员要尽量详细地描述出工艺卡中该部件的制作顺序以及制作要点，语言要通俗易懂使操作员一看就明了，使产品的质量能符合客户的要求。

⑪落款：由于一个款式涉及多个部门、多个技术人员操作人员，相对比较复杂。为了能责任明确，出现问题能够查出是哪个环节出了问题，企业所有的表格都有制单人、审核人、日期这样的落款。一方面工艺卡车位上的操作人员一旦有问题也能及时地找到相对应的人员解决问题，另一方面编写人审核人都要做到细心、认真的编写好工序卡，进一步提高责任心，最终保证产品的顺利生产。

（二）工艺卡企业术语（表6-1）

表6-1 工艺企业术语

序号	书面叫法	企业叫法	注　解
1	门襟	门筒	也称门贴，指锁扣眼的衣片
2	吃势	容位	工艺要求的吃势：两片拼缝时，有衣片根据人体需求，会比另一片长一点，这长出来的部分就是吃势 非工艺要求的吃势：在缝制过程中，尤其是平绒等面料，上下层之间由于平缝机压脚及送布牙之间错动原因导致的吃势。这种吃势通常是需要尽量避免的
3	串带	耳仔	也称裤耳，指腰头上的串带
4	衬料	朴	指衬、衬料，用来促使服装具有完美的造型，可弥补面料所不足的性能
5	过面	前巾	也称过面，搭门的反面，有一层比搭门宽的贴边
6	育克	机头	也称育克，某些服装款式在前后衣片的上方，需横开剪开的部分
7	松紧带	丈根、橡皮筋	利用橡皮筋线的弹性做出抽褶的服装效果
8	劈缝	开骨	指把缝份劈开熨烫或车缝

续表

序号	书面叫法	企业叫法	注解
9	搭接缝合	埋夹	也称曲腕、三针链缝、三针卷接缝、臂式双线环合缝合等，适用于衬衫、风衣、牛仔裤、休闲装、等薄料、中厚型服装加工以及雨衣，滤袋和不同面料的衬衫、尼龙雨衣、车套、帐篷等厚料制品作业，其悬臂筒形的特殊结构，特别适合袖、裤等筒形部位的搭接缝合
10	包边条	捆条、缉边条	也称绲条、斜条，用于缝边包缝处理的斜条
11	缝份	止口	指在制作服装过程中，把缝进去的部分叫缝份。为缝合衣片在尺寸线外侧预留的缝边量
12	打套结	打枣	也称打结，指加固线迹
13	人台	公仔	也称人体模型，是服装制版和立裁的一种工具
14	前裆	前浪	也称前裆，指裤子的前中弧线
15	后裆	后浪	也称后裆，指裤子的后中弧线
16	拼色布	撞色布	指与主色布料搭配的辅助颜色的布料
17	扣眼	纽门	指纽扣的扣眼
18	预备纽	士啤纽	也称预备纽扣，指服装上配备的备用纽扣
19	极光	起镜	极光是服装熨烫时织物出现反光反白的一种疵点现象，是指服装织物因压烫而产生表面构造变化所形成的一种光反射现象。会使这些部位衣料纱线纤维及纤维毛羽被压平磨光

（三）企业工艺卡实例（图6-2）

工艺卡

工序名称	订袋	工序标号	10	文件编号	Q/NRS QR12-02A
工艺要求	订袋时，高低进出应盖没电眼0.2cm，袋角不外露，封口两边对称平直，袋口缝位三角折转，封口两边对称平直，起落针牢固。					
制单人：				时间：	
审核人：				时间：	

图6-2 企业工艺卡实物

第二节　服装生产工艺卡制作实例

一、男衬衫生产工艺卡制作实例（图6-3）

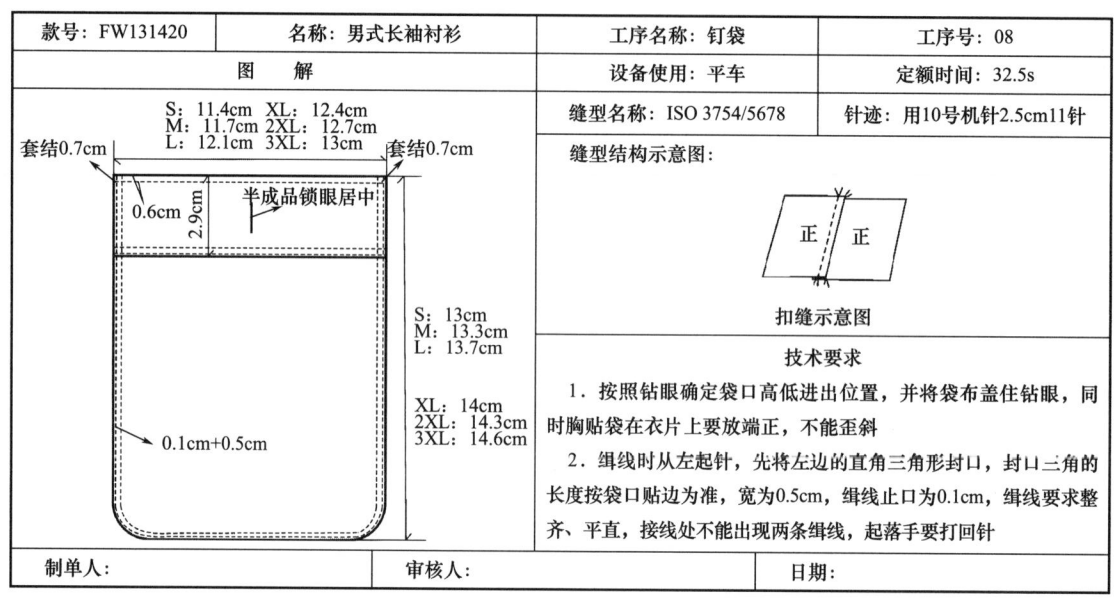

款号：FW131420	名称：男式长袖衬衫	工序名称：钉袋	工序号：08
图　解		设备使用：平车	定额时间：32.5s
		缝型名称：ISO 3754/5678	针迹：用10号机针2.5cm11针

图示（袋片尺寸）：
- S: 11.4cm　XL: 12.4cm
- M: 11.7cm　2XL: 12.7cm
- L: 12.1cm　3XL: 13cm
- 套结0.7cm
- 0.6cm　2.9cm　半成品锁眼居中
- S: 13cm　M: 13.3cm　L: 13.7cm　XL: 14cm　2XL: 14.3cm　3XL: 14.6cm
- 0.1cm+0.5cm

缝型结构示意图：扣缝示意图（正　正）

技术要求
1. 按照钻眼确定袋口高低进出位置，并将袋布盖住钻眼，同时胸贴袋在衣片上要放端正，不能歪斜
2. 缉线时从左起针，先将左边的直角三角形封口，封口三角的长度按袋口贴边为准，宽为0.5cm，缉线止口为0.1cm，缉线要求整齐、平直，接线处不能出现两条缉线，起落手要打回针

制单人：　　审核人：　　日期：

（1）钉袋工艺卡

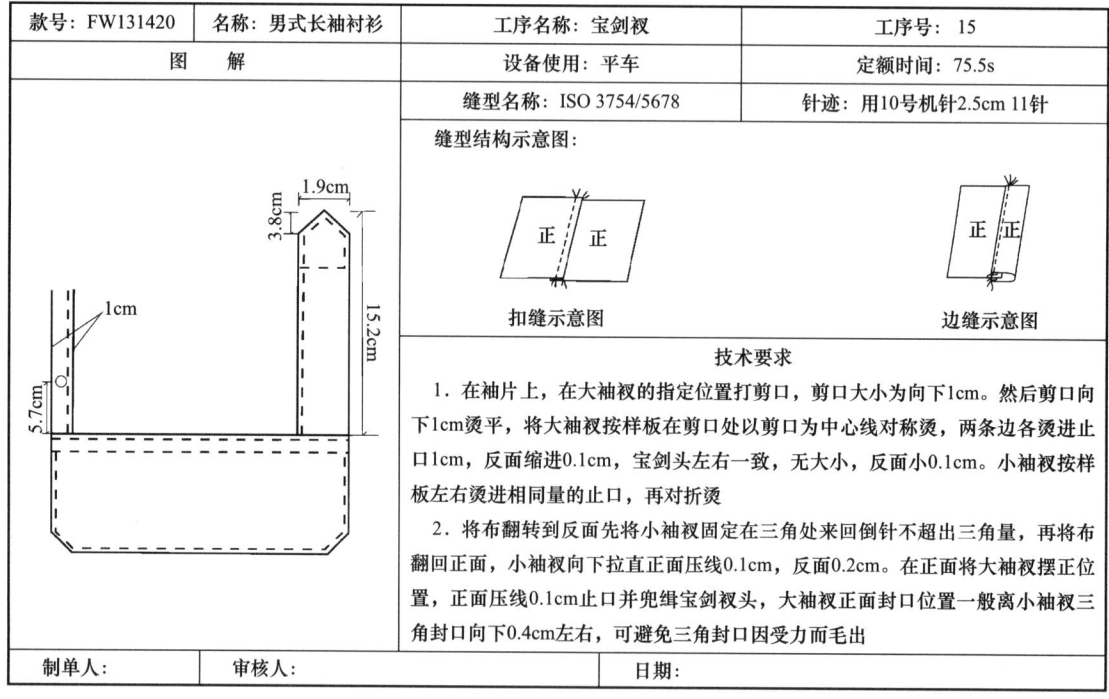

款号：FW131420	名称：男式长袖衬衫	工序名称：宝剑衩	工序号：15
图　解		设备使用：平车	定额时间：75.5s
		缝型名称：ISO 3754/5678	针迹：用10号机针2.5cm 11针

图示（宝剑衩尺寸）：
- 1.9cm　3.8cm　15.2cm
- 1cm　5.7cm

缝型结构示意图：扣缝示意图（正　正）　边缝示意图（正　正）

技术要求
1. 在袖片上，在大袖衩的指定位置打剪口，剪口大小为向下1cm。然后剪口向下1cm烫平，将大袖衩按样板在剪口处以剪口为中心线对称烫，两条边各烫进止口1cm，反面缩进0.1cm，宝剑头左右一致，无大小，反面小0.1cm。小袖衩按样板左右烫进相同量的止口，再对折烫
2. 将布翻转到反面先将小袖衩固定在三角处来回倒针不超出三角量，再将布翻回正面，小袖衩向下拉直正面压线0.1cm，反面0.2cm。在正面将大袖衩摆正位置，正面压线0.1cm止口并兜缉宝剑衩头，大袖衩正面封口位置一般离小袖衩三角封口向下0.4cm左右，可避免三角封口因受力而毛出

制单人：　　审核人：　　日期：

（2）宝剑衩工艺卡

款号：FW131420	名称：男式长袖衬衫	工序名称：下领、合领	工序号：26
图　解		设备使用：平车	定额时间：120s
		缝型名称：ISO 3754/5678	针迹：用10号机针2.5cm 11针

缝型结构示意图：

平缝示意图

技术要求
1．用下领净样板在衬纸上画下直丝缕裁片，剪两层。将两层衬纸同时粘在面料上，以衬纸为准按四周1cm放缝剪下。在装领边按0.6cm修剪，合上领边修成0.8cm，合上领边的0.8cm向反面折转烫平，根据下领面子裁里子。条格面料：在下领粘衬时也要进行左右对条对格，误差不得超过0.1cm
2．在烫好的合上领边的正面压线0.6cm明线
3．将上领的下口按上领净样画出，剪去多余缝头，准备好下领夹里和面子
4．将下领夹里和面子正正相对把上领放中间。上、下领都是烫衬的在上面，上、下领三层
5．净样对准绱线，缝份修成0.5cm，圆头处修成0.3cm

制单人：	审核人：	日期：

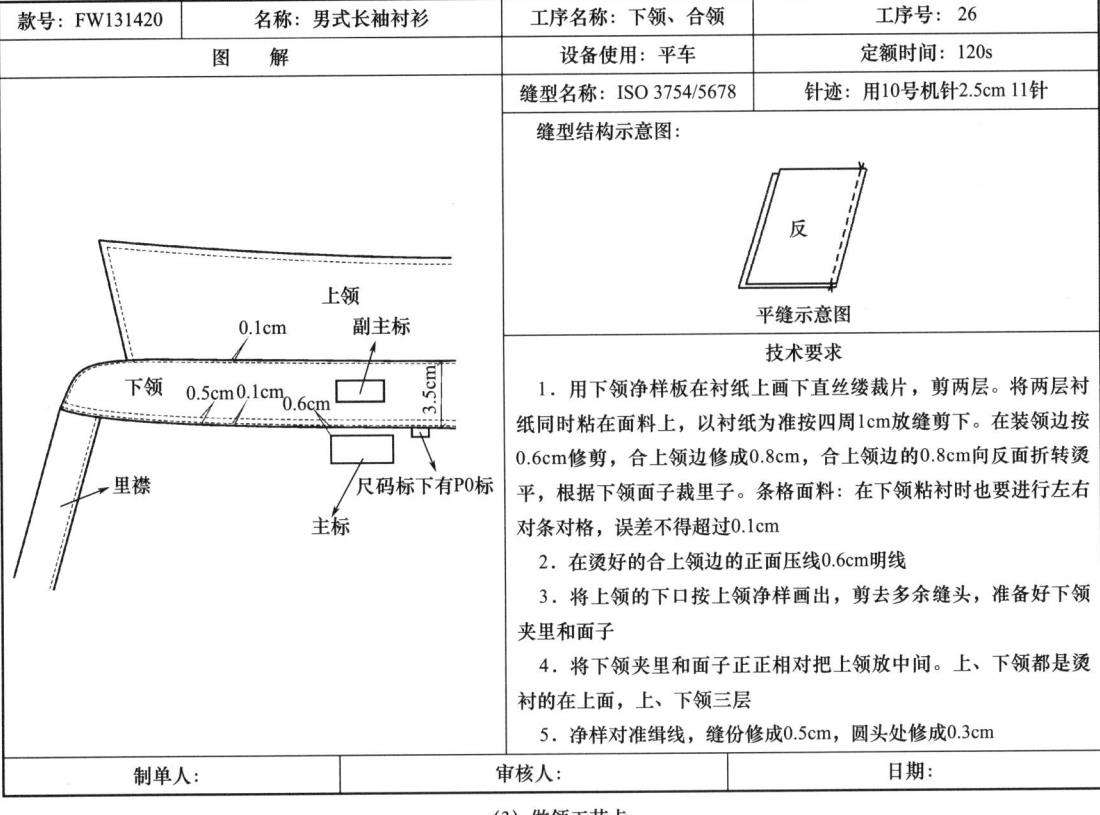

(3) 做领工艺卡

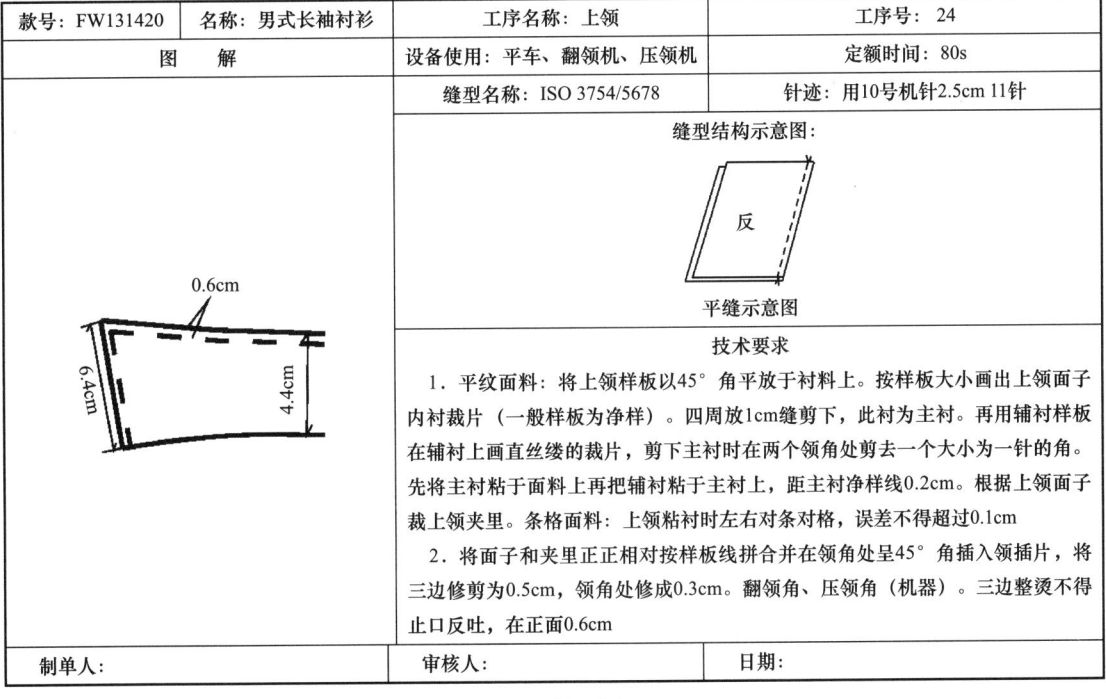

款号：FW131420	名称：男式长袖衬衫	工序名称：上领	工序号：24
图　解		设备使用：平车、翻领机、压领机	定额时间：80s
		缝型名称：ISO 3754/5678	针迹：用10号机针2.5cm 11针

缝型结构示意图：

平缝示意图

技术要求
1．平纹面料：将上领样板以45°角平放于衬料上。按样板大小画出上领面子内衬裁片（一般样板为净样）。四周放1cm缝剪下，此衬为主衬。再用辅衬样板在辅衬上画直丝缕的裁片，剪主衬时在两个领角处去一个大小为一针的角。先将主衬粘于面料上再把辅衬粘于主衬上，距主衬净样线0.2cm。根据上领面子裁上领夹里。条格面料：上领粘衬时左右对条对格，误差不得超过0.1cm
2．将面子和夹里正正相对按样板线拼合并在领角处呈45°角插入领插片，将三边修剪为0.5cm，领角处修成0.3cm。翻领角、压领角（机器）。三边整烫不得止口反吐，在正面0.6cm

制单人：	审核人：	日期：

(4) 上领工艺卡

图6-3　男衬衫生产工艺卡

二、女衬衫生产工艺卡制作实例（图6-4）

款号：FW3886	款式名称：女衬衫	使用设备：平缝机	针距要求：3cm 13针
工序编号：165	工序名称：前片制作	机针选用：11#机针	工序时间：68s
图解 正面	操作要求	前片： 1．前中按对位标志收碎褶。褶距均匀，左右对称 2．门襟按实样包烫，门襟顺直平服，不可毛口。门襟里面缝线间距要一致 3．前侧与前中分割缝拼合自然顺畅、平服	
	检验	前片左右是否对称一致，收褶量是否左右均匀。明线宽窄是否一致	
操作工：	签名：	编制人：	时间：
更改记录：无		审批人：	时间：

（1）女衬衫前片工艺卡

款号：FW3886	款式名称：女衬衫	使用设备：平缝机	针距要求：3cm13针
工序编号：165	工序名称：领子制作	机针选用：11#机针	工序时间：165s
图解 正面　　背面	操作要求	领子： 1．翻领和领座均按实样包烫，翻领里面做运反，领里稍带紧，做好领自然后翻，翻领一周压0.6cm宽单线，不可露缝份或掉底线 2．用领实样装领座，修好缝边，装好领座后两头圆顺、左右对称 3．按领弧线上的对位标志装领，压明线一周，里面缝份间距一致，装好后领部圆顺，左右对称，两头不可有"戴帽"现象或露装领线	
	检验	领子面里吃势是否服帖，中心位置是否对准后领圈中点。领弧线有没有褶皱。	
操作工：	签名：	编制人：	时间：
更改记录：无		审批人：	时间：

（2）女衬衫领子工艺卡

款号：FW3886		款式名称：女衬衫	使用设备：平缝机	针距要求：3cm13针
工序编号：165		工序名称：装袖	机针选用：11#机针	工序时间：120s
图解			操作要求	袖子： 1．按袖窿弧线和袖山弧线上的对位标志绱袖子，袖山顶部按对位标志收褶，褶距均匀，左右对称 2．袖口按对位标志与袖克夫缝合，袖口按对位标志收褶，褶距均匀，左右对称 3．袖克夫一周缉0.1cm明线，袖克夫平服，不可有宽窄现象
	正面	背面	检验	袖山抽褶左右是否一致，位置正确，尺寸是否正确，克夫大小是否符合规格。120s
操作工：		签名：	编制人：	时间：
更改记录：无			审批人：	时间：

(3) 女衬衫装袖工艺卡

图6-4 女衬衫生产工艺卡

三、女休闲裤生产工艺卡制作实例（图6-5）

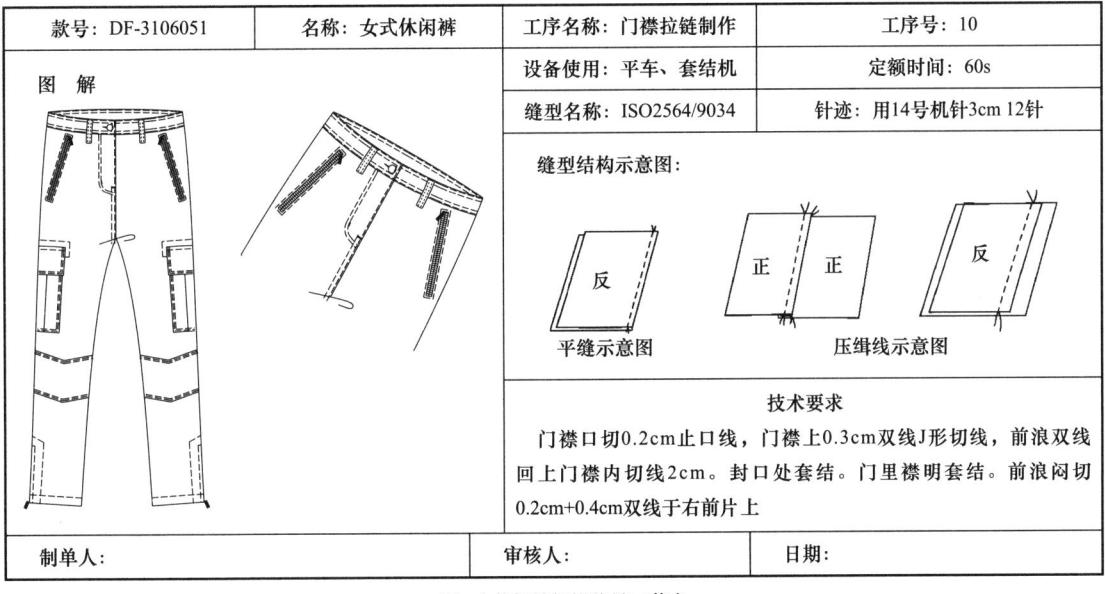

款号：DF-3106051	名称：女式休闲裤	工序名称：门襟拉链制作	工序号：10
图 解		设备使用：平车、套结机	定额时间：60s
		缝型名称：ISO2564/9034	针迹：用14号机针3cm 12针
		缝型结构示意图： 平缝示意图　　压缉线示意图	
		技术要求 门襟口切0.2cm止口线，门襟上0.3cm双线J形切线，前浪双线回上门襟内切线2cm。封口处套结。门里襟明套结。前浪闷切0.2cm+0.4cm双线于右前片上	
制单人：		审核人：	日期：

(1) 女休闲裤门襟拉链工艺卡

图6-5

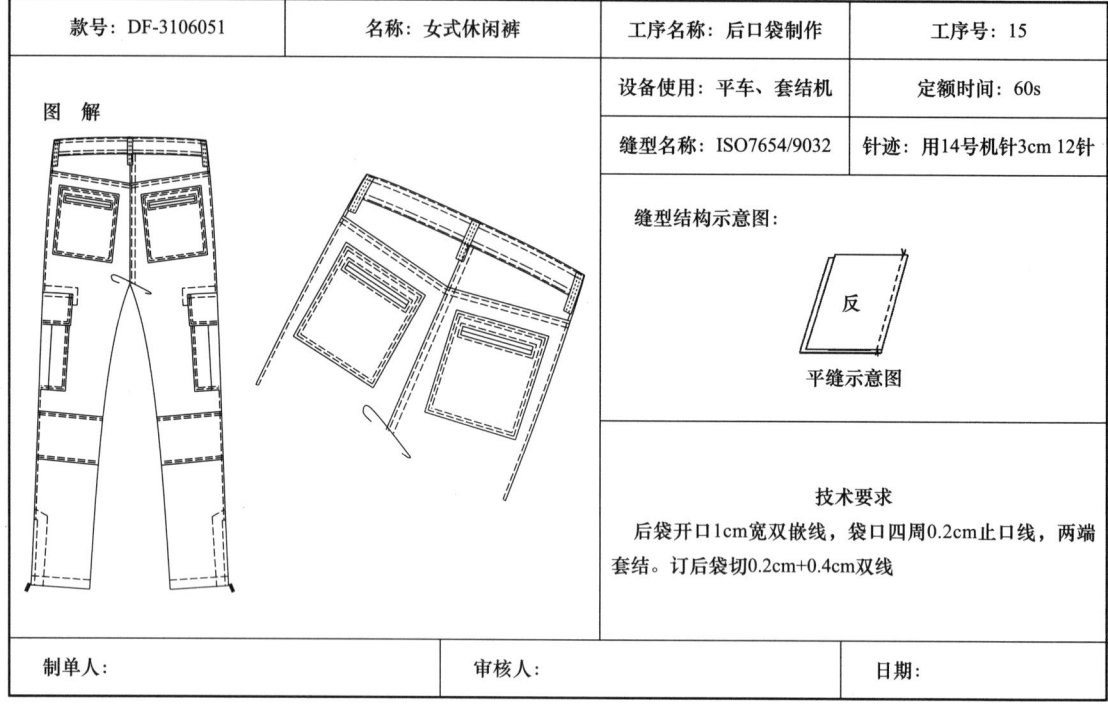

款号：DF-3106051		名称：女式休闲裤	工序名称：后口袋制作	工序号：15
图 解			设备使用：平车、套结机	定额时间：60s
			缝型名称：ISO7654/9032	针迹：用14号机针3cm 12针
			缝型结构示意图： 反 平缝示意图	
			技术要求 后袋开口1cm宽双嵌线，袋口四周0.2cm止口线，两端套结。订后袋切0.2cm+0.4cm双线	
制单人：		审核人：		日期：

(2) 女休闲裤后口袋制作工艺卡

款号：DF-3106051		名称：女式休闲裤	工序名称：腿袋制作	工序号：18
图解			设备使用：平车、套结机	定额时间：65s
			缝型名称：ISO 7654/9032	针迹：用14号机针3cm 12针
			缝型结构示意图： 正　正 扣缝示意图	
			技术要求 　腿袋收暗省，袋口装内贴，内贴两边各切0.2cm止口线。订腿袋切0.2cm+0.4cm双线，袋口内双线处套结。袋盖四周切0.2cm+0.4cm双线，订袋盖切0.8cm单线，袋盖两边套结。袋盖和贴袋下有面料贴布，贴布四周0.2cm止口线	
制单人：		审核人：		日期：

(3) 女休闲裤腿袋工艺卡

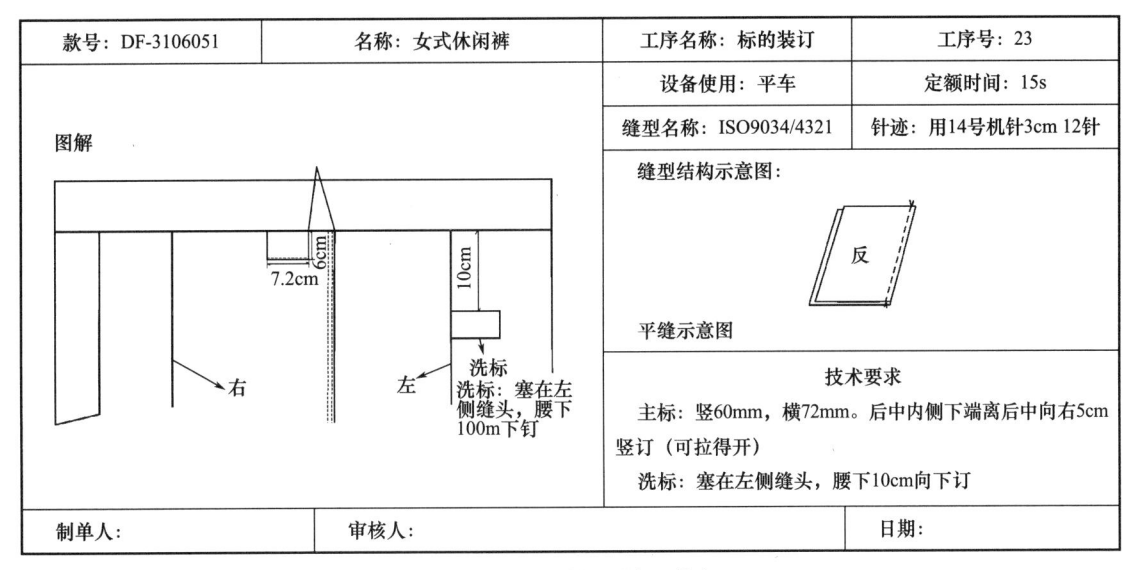

款号：DF-3106051	名称：女式休闲裤	工序名称：标的装订	工序号：23
图解		设备使用：平车	定额时间：15s
		缝型名称：ISO9034/4321	针迹：用14号机针3cm 12针
		缝型结构示意图： 平缝示意图	
		技术要求 主标：竖60mm，横72mm。后中内侧下端离后中向右5cm竖订（可拉得开） 洗标：塞在左侧缝头，腰下10cm向下订	
制单人：	审核人：		日期：

(4) 女式休闲裤标的装订工艺卡

图6-5 女休闲裤生产工艺卡

第七章　服装生产质量检验技术文件编写

第一节　服装生产质量检验定义以及标准

质量，是产品信誉的保证，是品牌长久树立的基础，也是企业在市场竞争中能否取胜的重要因素，它决定着企业的生存与发展。特别是目前国内服装市场竞争十分激烈，服装质量的好坏决定着服装的档次、价格的高低与销售的业绩，是服装生产厂家和销售商家能否在市场上占有一席之地的根本保障，因此，服装质量管理成为生产管理中的重要内容之一。

一、服装生产质量检验的定义

对产品而言，服装生产质量检验是指根据产品标准或检验规程对原材料、中间产品、成品进行观察，适时进行测量或试验，并把所得到的特性值和规定值作比较，判定出各个产品或成批产品合格与否的技术性检查活动。

二、服装生产质量检验标准

对于不同的服装，不同档次的质量特性规定的要求和指标，就是服装的质量标准。它是生产者与消费者订货和交货的依据，也是生产厂家检验与评定产品的依据，它常以一些技术要求和参数形式出现。质量标准的制订与执行是工作质量与销售质量好坏的基础。

根据制定的单位级别，质量标准通常分为国际标准、国建标准、专业标准或部颁标准、企业标准及内控标准。如果生产的服装要进入国际市场，还需要了解销售涉及的所在地区一系列相关质量标准，在这就不再赘述了。

第二节　服装生产质量检验的方式及步骤

一、服装生产质量检验的方式

服装中常用的品质管理的方式主要有生产前的检查、中期抽样检查和末期检验。产前质量检验包括面辅料供应商的评估，产前面辅料的质量检验，样板、排料、样衣等的质量检验。生产中质量检验包括生产各个工序的质量检验，包括裁剪、车缝、整烫、包装以及绣花等附加工序；抽查和复核，通过抽检来发现问题，通过复核来考察抽查的问题是否得到改正。最终质量检验包括每批货物从包装到出运的质量检验，保证每批货物达到既定的品质要求，以及每批货物的综合质量报告。

二、服装生产质量检验的依据与步骤

产品质量检验的依据是产品图样，制造工艺、技术标准及有关技术文件。外购、外协件及有特殊要求的产品需根据订货合同中的规定及技术要求进行检验验收。

（1）准备：熟悉规定要求，选择检验方法，制定检验规范。

（2）测量试验：确认检验仪器设备和被检物品试样状态正常，保证测量和试验数据的正确、有效。

（3）记录：对测量的条件、测量得到的量值和观察得到的技术状态用规范化的格式和要求予以记载或描述。

（4）比较、判定：由专职人员将检验的结果与规定要求进行对照比较，确定每一项质量特性是否符合规定要求，从而判定被检验的产品是否合格。

（5）确认、处置：检验有关人员对检验的记录和判定的结果进行签字确认。对产品（单件或批量）是否可以"接收""放行"做出处置。

三、服装生产质量检验的项目

对服装进行质量评价，必须针对有关项目检验后方能作出结论，因此了解并掌握服装成品的检验项目是服装质量评价的根本环节。服装质量评价的检验项目主要有：规格检验、疵点检验、色差检验、缝制检验和外观质量检验。

（一）规格检验

用卷尺测量成衣各部位的尺寸，对照工艺单或合同规定的质量标准来判定是否符合要求。通常测量的部位与方法如图7-1所示。

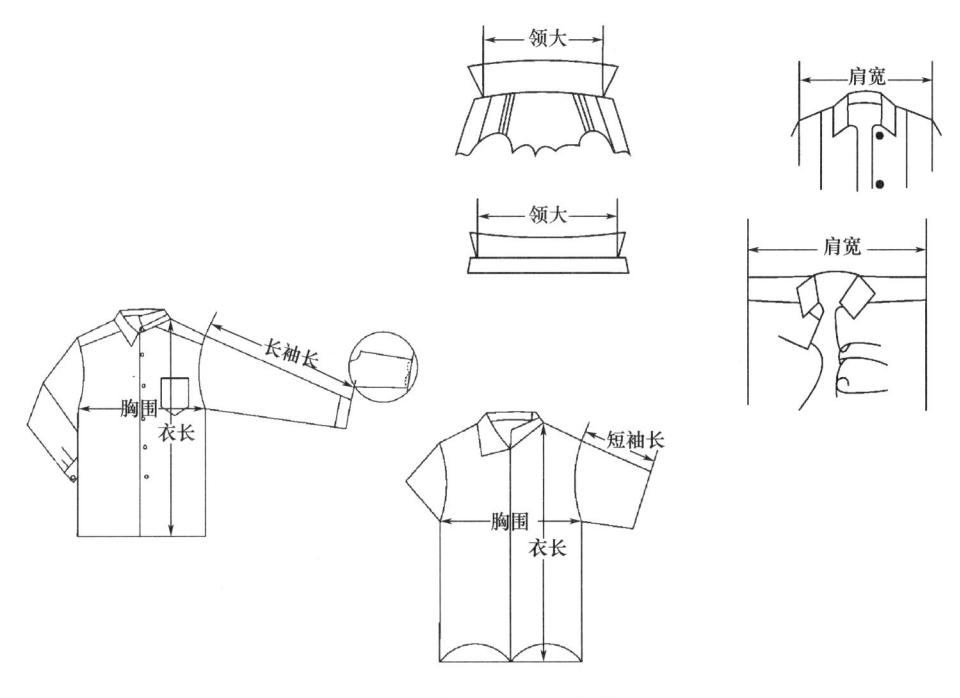

图7-1 常见成衣测量部位

领大——领子摊平横量，立领量上口，其他领量下口。
衣长——内前身左侧肩缝最高点（即左侧颈点）垂直量至底边。
胸围——扣好纽扣或拉好拉链，将衣服前后身摊平，沿袖窿底缝横量。
袖长——从左袖最高点量至袖口边中间。
总肩宽——由肩袖缝交叉处横量。
袖口——袖口摊平横量。
裤（裙）长——从腰口上口沿侧缝平垂直量到裤口或下摆边。
腰围——扣上裤口，以门襟为中心握持两侧，用软尺测量裤腰的中线尺寸。
臀围——从侧缝袋下口处前后身分别横量。

（二）疵点检验

服装成品的疵点成因可以分为四大类：原料疵点、尺寸偏差及其他等。而疵点对服装的影响程度可分成三大类：

（1）次要疵点——可被接受，因为它们对服装的可用性及销售价值影响不大。

（2）主要疵点——它们会影响服装的销售价值甚至可用性，必须进行修补或当作次品出售。

（3）重要疵点——此类疵点的修补工作非常困难，并且成本很高，甚至不能修补，只可作为次品出售或退回供应商。

（三）色差检验

色差检验就是检查一款或一套服装是否存在色差、衣片上是否有疵点，即用色卡对成品进行色差对比检验。高档男女服装，呢类服装1、2号部位色差应高于4级，其他部位不低于3～4级；一般布料服装1、2号部位应高于3～4级，其他部位不低于3级。

（四）缝制检验

（1）缝制密度按规定检验。要求各部位的线迹应顺直、整齐、牢固、松紧适宜，如表7-1所示。

表7-1 缝制密度规定表

序号	项目	针迹密度	备注
1	明暗线	14～16针/3cm	
2	三线包缝	8～9针/3cm	宽度不低于0.4cm
3	缲眼子	8～9针/3cm	
4	缲过面贴袋	5～6针/3cm	
5	钉纽扣	双线三上三下	绕脚高低与扣眼厚度一致

（2）面料有1cm以上明显条、格，按规定进行检验，如表7-2所示。

（3）拼接范围：过面、领里允许两块拼接，腰里面允许两块拼接，拼缝应与侧缝或裆缝对齐。

表7-2 面料对条对格规定表

序号	部位名称	对条对格规定	
		高档	中档
1	左、右前片	胸部以下条料顺直,格料对格互差不大于0.3cm,斜料对称	胸部以下条料顺直,格料对格互差不大于0.3cm,斜料对称
2	袋盖与前片	对料对条,格料对格,互差不大于0.3cm,斜料对称	对料对条,格料对格,互差不大于0.4cm,斜料对称
3	袖子与前片	格料对格,互差不大于0.5cm	格料对格,互差不大于0.6cm
4	袖子	条格顺直,两袖对称,格料对格,互差不大于0.3cm	条格顺直,两袖对称,格料对格,互差不大于0.4cm
5	前后裆缝	条料对称,格料对格,互差不超过0.3cm	条料对称,格料对格,互差不超过0.3cm

（4）眼位不偏斜,扣位与眼位对齐。

（5）衣里平服,留量合适,与面搭配松紧适当。

（6）绲条顺直,宽窄一致。

（五）外观质量检验

（1）色差检验：检查一款或一套服装是否存在色差、衣片上是否存在色差,衣片上是否有疵点。疵点包括粗纱、折痕、色斑、油斑、断纱。

（2）规格尺寸检验：检查服装各部位的规格尺寸与工艺单上的尺寸是否吻合。

（3）外观造型检验：检查服装的款式造型、外观缺陷、缝制工艺质量、熨烫质量、线头、污渍等。

（4）包装质量检验：检查服装的物料、挂牌、商标及装箱搭配。

（5）疵点检查：检查衣片上是否存在疵点。疵点包括粗纱、折痕、色斑、油斑、断纱等。疵点检验顺序应自上而下、从左到右、从前到后、由外向里检验,先平面检验,再立体检验。

外观质量检验主要完成从整体上对服装的造型要求做出评判,一般检验时分为上衣架前与上衣架后两部分,上衣架时从前、后及侧面三个角度对服装在衣架上的效果进行观察与判断。

检验与判断时按以下顺序进行：领、肩部、止口、袖、标牌、整烫效果、下摆、口袋、套结部位、后背缝、后领、腰头与串带襻、裆、门襟、里襟与小裆等。

由于服装种类广泛,不同类型的服装外观质量评价时,应按各自要求侧重进行检查与评判。

四、服装生产质量检验各部位分析表（以中期查货为例，即验货报告）

（一）时装裙款式图（图7-2）

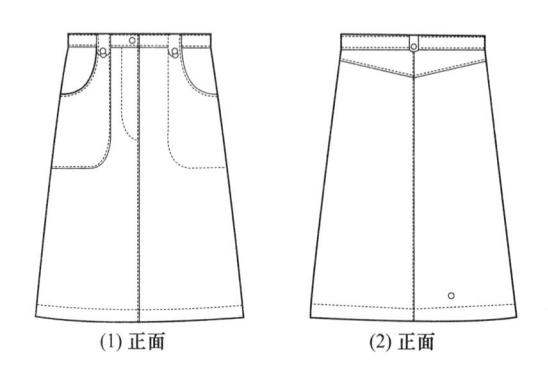

(1) 正面　　(2) 正面

图7-2　时装裙款式图

（二）时装裙中期验货报告单（图7-3）

①验货报告、初期、中期、尾期的检查：

当所有的产前面辅料、产前会议、技术文件等准备完成后，就进入大货生产阶段。在大货的生产阶段中，通常客户会要求进行两次验货即中期、末期检验。还有一些客户不要求中期验货，只进行一次末期验货。一般客户会委托专门的第三方检验机构或者检验人员进行大货的检验，也有请服装加工或服装外贸公司品管人员进行的（称为第二方检验）。还有一种情况就是客户自己派QC人员或代表，到工厂进行检验（称为第一方检验）。在检验完成后，都需交一份关于本批大货质量情况的书面检验报告。

②客户、工厂、合同、数量：

客户：以英文字母的组合代表客户。一般企业里，客户是由业务员寻找建立相应的合作关系，或者是企业老总通过外贸公司接单形成的合作关系。客户对企业的作用、客户与公司之间的关系，是一种相互促进、互惠共赢的合作关系。特别是跟优质大客户合作，能提升企业的服务意识，提高管理水平，完善服务体系，同时也能给企业带来丰厚的利润。

工厂：即产品的加工单位。主要负责产品的制作到合格出货。

合同：货物买卖合同。是买卖双方自愿按照一定条件买卖某种货物达成的协议，是根据双方接受的国际贸易惯例或有关法律、公约规定而成立的，对双方均有约束力，任何一方不能单方面地修改合同内容或不履行义务，否则将会承担违反合同的法律责任。

出口合同：根据草拟人的不同，有销货合同和购货合同。一般是英文字母与数字的组合。

数量：即根据合同签订的加工数量。一般生产企业会在合同的数量加放一定的备量，所以在外贸市场会出现尾货的现象。

③款式、款号、布料、货期：

款式、款号：一般由客户制订，由英文字母与数字组成。企业在实际生产中，有时候为了各部门交流方便而简说款号。

验货报告：①				时装裙验货报告						
□初期　☑中期　□尾期				时装裙中期验货						
客户：PEET　工厂：F12　合同：BJ-L-2011-002　数量：2321件②										
款号：EC5104　款式：时装裙　布料：T/C棉布　货期：8.4 ③										
生产进度完成数量④	样办	裁剪	车缝	洗水	后缝	包装	正在进行中工序/情况			
	1600	2890	1500	1320	500	200	正在进行大货生产，运作正常⑤			
物料⑥	对	错	做工品质	良好	一般	不合格	包装	无	对	错
面料	✓		款式/做法	✓			主唛		✓	
里布/袋布	✓		洗水效果		✓		洗水唛		✓	
拉链	✓		裁剪	✓			尺码/产			
缝制	✓		缝制手工		✓		旗唛/贴缝/商标		✓	
衬朴	✓		辅料/装缝	✓			其他：		✓	
拼/贴	✓		纽门/打枣				挂牌/价钱牌/贴纸		✓	
绣花/印花	✓		纽/扣钉/鸡眼装配	✓			胶袋/印刷		✓	
花边/织带/捆条	✓		线头/修整		✓		纸箱/箱唛/箱尺寸		✓	
丈根/魔术贴/章/牌	✓		整体效果外观		✓		包装分配	✓		
线/扣/撞钉/鸡眼	✓		尺寸规格		✓		包装方法		✓	
			色差处理	✓						
			结构强度		✓					
			安全功度	✓						
操作问题/疵点⑦					轻微	严重	处理意见			
拼接后中左右育克拼缝没有对齐，气眼敲得用力过大导致面料有破损现象。				疵点总数	✓		告知车位上注意提高缝制质量气眼力度根据面料厚度而定再修改			
尺码：	S	M	L	3			出货数：120箱：2321件：			
抽查箱号	5	12	25				AQL4.0抽查数⑧		27件	
抽查件数	6	7	9				量度结果：□合格　□不合格		合格	
颜色	红色	绿色	黑色				接受出货/翻工整改/扣查待决		翻工整改	
跟单QC⑨：										

图7-3　时装裙中期验货报告单

布料：指要做这款产品所用到的布料。有客户提供的，也有找面料企业打样经过客户确认后所用的布料。

货期：即产品从报价、打板、裁剪、生产到包装出货的日期。

④生产进度、（样办、裁剪、车缝、包装）、完成数量：

生产进度：生产产品的快慢程度。生产企业一般要同时加工好几种款式，根据出货的日期以及款式的难易程度做好一定的生产进度的统计，以确保产品能按日期出货。

完成数量：包括样办、裁剪、车缝、包装等，均以数量进行统计。

⑤正在进行中的工序及情况：

每个款式的服装生产过程中，都由技术科专门配备的跟单人员对产品全程跟踪。操作工每天以实际制作出的产量计算难免会出现质量不合格，工序做错等情况，跟单人员就要在制作过程中进行纠正或者上报技术科共同解决问题。

⑥物料（做工品质、包装）：

由于与客户签订了合同，因此所有的面料辅料都需要征得客户的认可，装饰料也不例外。尤其像绣花，不能差一个颜色的线，洗唛不能差一个英文字母，很多企业有时一不小心弄错一个字母，查到以后甚至会全部返工。但有时改起来很麻烦的面料或辅料，也可以跟客户商量，征求客户的同意。

⑦操作问题/疵点：

操作问题：由于企业不光只加工一个单子，因此难免会在操作上出现问题。有些复杂的款式，要上百道的工序，其中一个工序出现问题，也是不合格的。

疵点：主要包括粗纱、折痕等。这些都是在面料的制造过程中出现的情况，因此每卷布进仓库前必须使用验布机检验，合格的则进行裁剪，不合格的要拿出或者重做。这是非常关键的步骤，否则后面的工作都是白辛苦。

⑧AQL4.0抽查数：

AQL是验收合格标准的缩写，指平均质量水平。它是检验的一个参数，不是标准。AQL普遍用于出口服装纺织品检验上，AQL的标准有AQL0.01、AQL4.0等。不同的AQL标准运用于不同物质的检验。在AQL抽样时，抽取的数量相同，而AQL后面跟的数值越小，允许的瑕疵数量就越少，说明品质要求越高，检验就相对较严格。

⑨跟单QC：

跟单员广泛存在于订单型生产企业和进出口贸易企业中。

跟单员的工作性质与特点随企业的规模与性质有所区别。跟单员又分为业务跟单与生产跟单。业务跟单也称业务员，负责对客户进行跟进。生产跟单主要是对已接来的订单安排生产，并对生产进度进行跟踪，将货物按时送到客户手中。其中在生产过程中跟踪质量管理的称为QC。

QC验货：必须有物料表（产前样、工艺资料、设计彩图）、产前样意见、面料测试报告、成衣测试报告、产前会报告、中期验货报告、齐色大货面料缸差样、辅料卡、确认的邮件。

⑩规格抽样检验表：

规格抽样检验表是检验产品制作质量高低的记载表，在中期或者末期检验中一直用尺寸来衡量，如表7-3所示。

检查方法：成衣服装每色每码至少抽取2~3件，按照确认过的测量方法及尺寸表测量得到尺寸，在规格抽样检验表上记录填写测量结果。由于服装是柔性的、可以伸展的物体，存在一定的误差，因此每件产品的每个部位都有允差存在用±来表示。如果尺寸不准确，超出允差，是无法通过检验的。

表7-3 时装裙规格抽样检验表

客户 PEET	品名 女时装裙	款号 EC5104		货号 5104		面料T/C 棉布	水洗要求 普洗		订单数量 2321件	出运日期8.4	
测量部位	测量方法	S	EC5104	EC5104		M	EC5104	EC5104	L	EC5104	EC5104
裙长	腰头至底边	54	±1	±1		56	±1	±1	58	±1	±1
臀围	全围	88	±0.5	±0.5		92	±0.5	±0.5	96	±0.5	±0.5
腰围	全围	66	±1	±1		70	±1	±1	74	1	±1
摆围	全围	94	±0.5	±0.5		98	±0.5	±0.5	102	±0.5	±0.5
检验员：					工厂：				检验时间：		

第三节 服装生产质量检验分析示例

一、西短裤的生产质量检验分析示例

（一）验货意见

（1）腰头贴块正确。

（2）因为是真门襟，门襟上的套结，务必打在上面的车线上，如图7-4所示。样品不正确。

（3）门襟上的魔术贴过短，要延长至门襟下。

（4）现在两侧拼块为5.7cm，过宽，要求做到5cm。拼块上的三针五线不直，要改善。

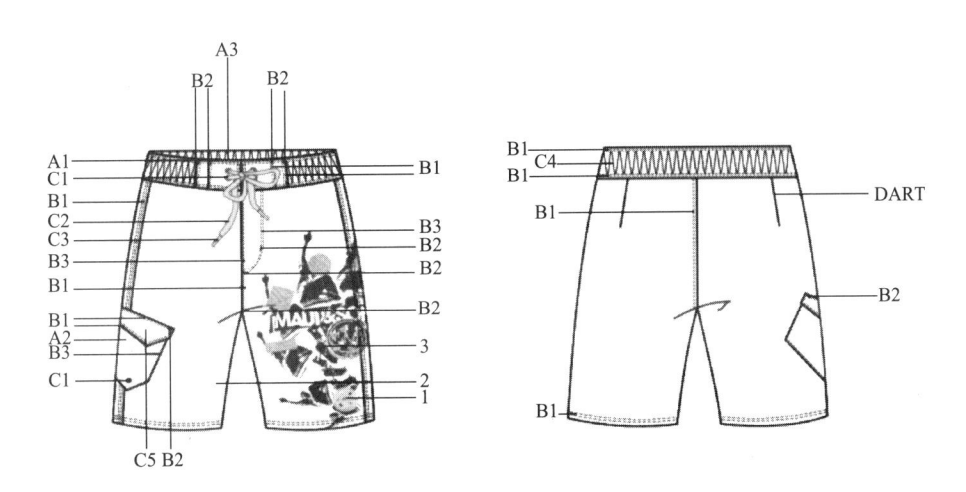

图7-4 西短裤款式图

后片打褶应是8cm，距后中10cm，样品做了距后中8cm，请改正。侧袋做高了0.5cm，应是离脚口5.5cm。

（5）门襟、前后裆、脚口起皱，请尽量避免。

（6）针脚露白点，请尽量最小。注意：套结不能把面料打破。

（7）内里网布：车线不干净、整洁，脚口车线，断针、跳针、接线很多，大货不接受此问题。黑色缝线太多毛，色牢度差。

现在大身缝线：黑色全部改成灰色，配印花面料的灰色。黑色套结也改成灰色，三针五线的灰色，不配印花面料色，请改善。

（8）两短裤中期查货报告分析单如图7-5所示，西短裤规格检验表如表7-4所示。

中期查货报告分析

生产单位：　　　　　　　　　　　　　　　　　　　　　　　　　　　　　检验日期：

客户	PALMS	品名	短裤	款号	AW2631	货号	098-7331
面料	全涤斜纹桃皮绒	水洗要求	普通水洗	计单数量	10000件	出运日期	13-2-6
面辅料检验情况（大小、位置、颜色、品质）							
款号	07302	07303					
面料	✓	✓	主唛	✓	面料意见：		
里料			尺码	✓	大身布：是不正确颜色的面料		
缝纫线	✓	✓	洗唛	✓	里布：网眼布正确		
拉链			旗唛				
纽扣			价格牌	✓	辅料意见：		
气眼	✓	✓	吊牌				
印花	✓	✓	干燥剂		气眼正确		
腰带					裤绳不对		
腰头贴	✓	✓			魔术贴确认		
进度情况	100%裁剪完成，已缝制30%			已裁剪	缝制完成	已水洗	已包装
				100%	30%	无	0
缝制及工艺存在的问题： 1. 针脚露白点，请尽量最小。打套接注意，不要把面料打破 2. 门襟，前后裆和脚口起皱，请尽量避免				修改措施： 1. 安排机修人员调整机器的线迹 2. 对该道工序的操作人员进行指导和培训			
质量意见	改正后可以继续生产	✓	停止生产立即返修		工厂意见：以上问题立即改进		
	检验员：				工厂负责人：		

注　以上仅中期检验，工厂必须修正以上全部质量问题。若在末期检验时发现仍未修改，一切后果由工厂负责，并可能拒收。

图7-5　西短裤中期查货报告分析单

表7-4 西短裤规格检验表

客户：PALMS	品名：短裤	款号：AW2631	货号：098-18	面料：全涤斜纹桃皮绒		水洗：无		订单数量：10000		出运日期：13-2-6		生产单位：
代码	测量部位及方法		S	AW2631		M		AW2631		L		AW2631
200A	腰围松量		37	±1		39.5		±1		42		±1
200B	腰围拉量		48	±1		50.5		±1		53		±1
202C	臀围		54	±1		56.5		±1		59		±1
205A	脚口松量		28	±1		29		±1		30		±1
208	侧缝长（含腰）		53	±1		54.5		±1		56		±1
210	腰头宽		5	±0.5		5		±0.5		5		±05
211	前裆（含腰）		31	±0.5		32		±0.5		33		±0.5
212	后裆（含腰）		41	±0.5		42		±0.5		43		±0.5
214	脚口卷边高		2	±0.5		2		±0.5		2		±0.5
221	放松时腰头抽绳露出的长度		33	0		33		0		33		0
	里衬：脚		19	0		20		0		21		0
	里衬：侧缝长（不含腰）		10	0		10		0		10		0
	里衬：后裆（不含腰）		34	0		35		0		36		0
	里衬：前裆（不含腰）		27.5	0		28.5		0		29.5		0
	里衬：横裆		9.5	0		9.5		0		10		0
213A	门襟长（含腰）		21	±0.5		21.5		±0.5		22		±0.5
213B	门襟宽		4	±0.5		4		±0.5		4		±0.5

检验人：　　　　　　　　　　　　工厂：　　　　　　　　　　　　检验时间：

（二）西短裤质量检测（表7-5）

表7-5　尺寸意见表

尺寸公差太大诠释	术语诠释	图片
内里前裆小1.5cm	前裆指的是裤裆前面那条缝。是从腰位量（即前拉链顶）至裤底十字接口位，注意要拉直量	
内里后裆大1cm	后裆即后面那条缝的长度，也是拉直量至裤底十字接口位	
内里横裆大1.5cm	横裆的位置，在裤片的小裆弯尖处。量时把裤子平放前后拉平，在大小裆弯的结合处水平量至裤侧缝。它的长度就是横裆的尺寸	
臀围（横裆上7cm处量）大0.8cm	臀围是指横裆向上7cm处水平围量一周的尺寸	

（三）西短裤质量检测（表7-6）

表7-6　做工意见表

意见诠释	图片	修改
（1）因为是真门襟，门襟上的套结，务必打在上面的车线上，样品是不正确		必须改正，方可生产

续表

意见诠释	图片	修改
（2）腰绳要用套结打在腰头的贴块下，位置一定要正确		套结不可露出白色线迹
（3）门襟处的两条J字形的车线底下的弧度不够圆滑		请将工艺样板弧度进行修正
（4）前中腰头贴块，腰围车线，口袋，前后裆和侧缝起皱		这里问题较大，必须马上进行修改
（5）侧袋套结位置正确，但是口袋开口的车线距口袋应该是4.5cm，裆底是否需要打套结		请边做边测量口袋的成品规格，避免误差太大

（四）辅料意见（表7-7）

表7-7 辅料情况表

验货意见	位置	详细描述	颜色
针脚露白点，请尽量最小	B1	腰围，前后横裆，下摆卷边，后口袋	双针，间距0.5cm	Dress blues
两侧拼块做了5.7cm，要求做到5cm。侧袋做高了0.5cm，应是离脚口5.5cm	B2	门襟，后口袋，口袋翻盖，腰头贴块	套结	Dress blues
	B3	前中门襟处	单针	Dress blues
气眼品质正确，颜色代用	C1A	腰围	气眼，YLT-03-00012，18L，底色	Dress blues
	C1B		印字	Grey Deep
	C2A	腰围	腰绳CRD-03-00024，1.5cm，底色	Grey Deep
	C2B		间线色	Bright White
	C3	腰绳上	塑料封尾	透明
门襟上的魔术贴过短，要延长至门襟下		门襟处	魔术贴，2cm	Dress blues

(五)印花意见

1. 印花意见(表7-8)

表7-8 印花意见表

意见	尺寸	位置	图片
腰头印花	印花AW.5001-5cm 尺寸5cm正确	腰头	
大身印花	尺寸正确	位置应该在在左腿上距脚口4cm，距侧缝2cm	

2. 印花要求(表7-9、表7-10)

表7-9 腰头印花要求

名称	品质	尺寸	位置	颜色
AW.2631-A	本身布	5cm	在腰围	Bright White
AW.2631-B	印花	0.75cm	在腰围	Mazarine Blue
AW.2631-B	印花	0.75cm	在腰围	Red Radish

表7-10 胶浆印花要求

AW.2361J胶浆印花资料				
名称	位置	尺寸	颜色1	颜色2
AW.2631-A	穿在左前裤腿上	20cm	Black	Black
AW.2631-B			Paradise Pink	Caribbean Sea
AW.2631-C			Grey	Bright White

3. 备注（表7-11）

表7-11　商标意见表

名称	编号	位置	意见	图片
主唛	LAB-03-00053	后领中	主唛、尺码唛位置正确	
尺码唛	LAB-03-00015	主唛下		
挂牌	HTG-03-00004	主唛下	挂牌缺少	
洗唛	LAB-03-00053	侧缝处	洗唛缺少，应该在穿时左边，距腰头底部8cm处	

二、冲锋衣的生产质量检验分析示例（图7-6）

（一）末期查货分析表

检验报告一般应包括：订单号、款号、客户、检验日期、检验地点、检验标准和依据、生产情况、检验过程中发现的质量问题（主要是针对面辅料、缝制、整烫等）、整改意见或解决方法、双方签字等。如表7-12、表7-13所示。

对于检验过程中的尺寸问题，通常是另附一页尺寸检验记录表。

对于末期检验来说，抽箱是很关键的，一般抽箱数是总箱数的10%左右，以减少误判的可能性，抽取的箱号一定要检验到。

图7-6　冲锋衣实物图

表7-12 冲锋衣末期查货分析表

客户：	LISSON	品名：	冲锋衣（单）	款号：	C006	货号：	EF 34
面料：PU防水涂层		生产工厂：RN123		检验日期：12.10		出运日期：2013.12.17	

验货标准：采用正常一次抽样检验，AQL4.0小疵点；AQL4尺寸。末期检验生产情况：100%完成，90%已成箱
验货时带标准样：【√】有；　【 】没有　　验货时资料齐全：【√】是；【 】否
验货地：【 】车间；　【√】检验室　检验灯光：【√】好；　【 】不好

订单款号	订单数量	实际数量	包装箱序号	包装总箱数	标准检验数量	抽检件数	检验箱数	检验箱号
7657-01WP	3500件	3510件	1-30	30	3510件	200件	2	15、20
7657-02WP	3700件	3712件	31-73	43	3712件	200件	2	45、70

表7-13 外观、缝制及辅料检验表

包装箱品质：【√】好，【 】坏										外箱唛头：【√】对，【 】		
次品数量		发现问题	成衣颜色	次品数量		发现问题	成衣颜色	次品数量		发现问题	成衣颜色	
主要	次要			主要	次要			主要	次要			
		外观				颜色			1	金属鸡眼强度不够		
		针距偏大	7657-01WP			绣花位置有点偏						
	1	缝边毛出，漏缝							1	锁眼也偏松		
		拉链的套结偏短										
		袋盖偏长										
		拉链布平整								辅料		
		内口袋制作不偏短	7657-02WP			包装			1	魔术贴剪得不圆		
		拉链的车库制作的没有缺乏立体感			1	衣服口袋有异物				标的位置订的不对错位现象		
		面料			1	折叠不平整				拉链的穿法有点小误差		
	1	面料的防水性能不是特别的理想				胶袋印错尺寸不符合						
		袋布面料太松弛										
检验报告		主要问题数量	缝制，外观及辅料			尺寸超公差		（1）外观、缝制工艺及辅料发现有4件主要问题，3件次要问题				
			4			0						
		次要问题数量	3			0		（2）尺寸规格有0件主要问题				

续表

检验结果:【√】同意出运　　　【　】返修重验　　【　】			
主要意见	1. 口袋套结不够紧 2. 魔术贴个别剪得不是很圆 3. 包转中衣服折的不够整齐		
公司验货员:	日期:	工厂负责人:	日期:
联合声明	1. 公司验货员代表宁波乘风服饰进出口有限公司,按公司验货标准要求如实,公正验货 2. 公司验货员对抽检服装中所发现的品质问题按事实出具报告,并对该报告负责		

（二）抽样分析

所有的检查都要进行抽样分析。

抽样是按照某种目的,从母体（总体）中抽取部分样品。其目的是为了从部分样品推测此批量总体的质量特征,并由此对批量进行合理处置。通过抽样检验的结果作出判断,即该产品是否合格,属于何类等级。

抽样时,根据不同的特征值（如规格、外观、缝制质量）的具体要求,取样方法也不同,但必须满足下列条件:

（1）根据检验目的抽样。

（2）具体实施与管理方便、易于操作。

（3）考虑经济效益。

（4）抽样时,不能加入人为因素。

（5）抽样者具有判断抽样方法是否恰当的能力。

抽样的方法有:

（1）随机抽样,指在同一批产品中任意选抽。可采用在随机表上由铅笔随意触及的数字作为抽样代码,或用抓揪取其上面的数字决定抽样代码。

（2）系统抽样,指选抽按一定时间或数量间生产出的那件产品。如缝制车间检验员巡视抽检时,可确定选抽每隔十分钟或每隔十件生产出的那件产品。而成品检验时可对某批产品编号,然后按一定规格间隔抽取某件产品。

（三）外观的分析

1. 缝线标准

（1）线迹分析:除非特殊说明,衣服缝制都用POLY包芯线、拷克。

（2）针距:明绗线:10~11针/2.5cm;暗线:12针/2.5cm;拷克和三本车12~13针/2.5cm。

（3）套结线:细线42针/2.5cm;锁眼线:细线40针/2.5cm;钉扣线:8根/2.5cm。

（4）所有里布和袋布布边都要用3~4线拷克。有弹力的网布缝份用三本车（三本双针）。

（5）所有有弹性布的拼合缝份都要用4线拷克,明线和弹力包边带用链子车,没有特殊说明,做工细则里的则不使用链子车（弹力布及弹力包边带要使用链子机。为安全考虑,回针至少要有3针长。所有里布及袋布一定要拷克。如没有特殊说明,所有用线要配所在部位的颜色。

2. 口袋、拉链及套结做法标准

当露齿防水拉链，又是激光袋工艺时，有两种做法：

①拉链反面滴胶或电热熔（正面看拉见），熔点距袋口两端0.2~0.3cm，如图7-7所示。

②打明套结，套结距袋口两端0.2~0.3cm，如图7-8所示。

外露式打结用在拉链四周（有贴装饰胶除外），用平车来回加固。

③3#拉链露齿0.8cm，套结长0.6cm；5#拉链露齿1.1cm，套结长0.7cm。拉链两端必须是闭合的，拉链齿要伸入袋口1.5cm。

④防水拉激光射黏合时，正面溢胶0~1发丝之间。不可毛边，空胶。溢胶不可泛黄、泛白，要成清水状。

⑤有手心手背袋布时：拉链两端的码带要用袋布封死。

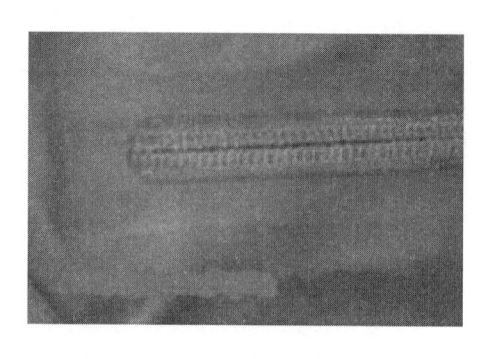

图7-7　反面滴胶/电热熔拉链做法

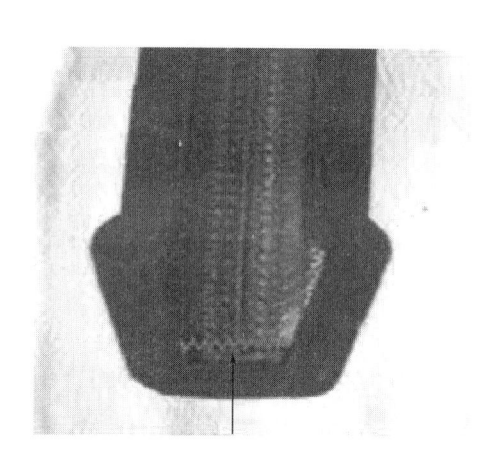

图7-8　打明套结拉链做法

3. 冲锋衣拉链袋的一般要求

冲锋衣拉链如图7-9所示。

①袋盖：根据需要选择加双面胶或耐水洗的不粘合的无纺衬。

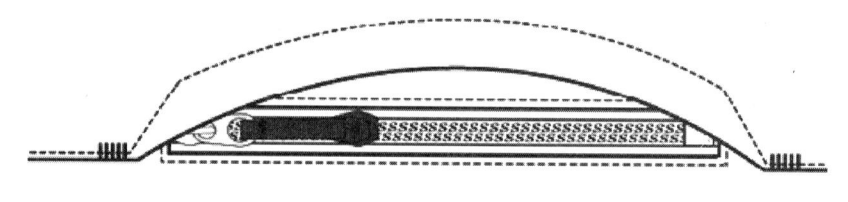

图7-9　冲锋衣拉链袋

②袋盖每边长必须要比口袋长2.5cm或以上。

③袋盖必须要盖住拉链开口边0.6cm以上。

④腋下拉链：不管是正齿还是反齿都要用盖片（如果是防水拉链，则不用拉链盖片）。

⑤基码长：男：32cm；女：28cm。

4. 冲锋衣拉链车库的做法

拉链车库（图7-10）是用来放置拉头的。注意：车库必须要有容位、要立体，才能让拉头轻松放入。拉链车库长1.7cm~1.9cm，如图7-10所示。

（四）面料分析

冲锋衣，又称风衣或雨衣。冲锋衣的英语为"Jackets"或者"Outdoor Jackets"，直译过来就是"夹克"。冲锋衣并不神秘，就是夹克衫，是户外运动爱好者的必备装备之一。一般的冲

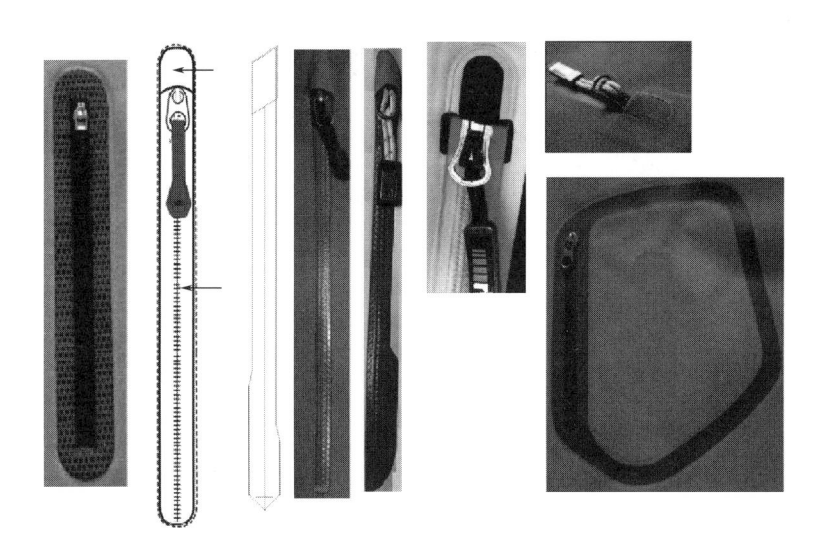

图7-10　冲锋衣拉链车库

锋衣主要体现在防水的特点上（图7-11）。从面料设计和加工来说，一般的冲锋衣都是"PU防水涂层+接缝处压胶"的。PU防水涂层指的是在衣服表面织物里附着一层防水涂层（PU聚氨酯）的处理，根据需要涂层厚度不等。

冲锋衣的制作工艺主要有：激光剪切、立体剪切、压胶处理、防水拉链、防水涂层、防风部件。

最流行、性价比较高的品牌有挪威砂岩、骆驼、中国极地、犸凯奴、探路者等。这几个品牌几乎垄断了淘宝上冲锋衣的销量，它们作为大众品牌，评价很好。虽然在专业程度上赶不上国外顶尖品牌，但考虑到冲锋衣并不是户外运动的专业装备，很多人在秋冬季上下班或者做简单的户外运动时也会穿着。

（五）颜色分析

Logo（图7-12）的位置确定：Logo "acome" 的绣花或热转印在左前胸和右后肩。如果有育克，则在育克缝份上或下1.5cm处，如果育克是斜的，则在育克缝份上或下2cm处。

男式：L码大身布 "acome" Logo 尺寸6cm×1.2cm，前片 Logo 距前中7cm，距肩顶点20cm，后片

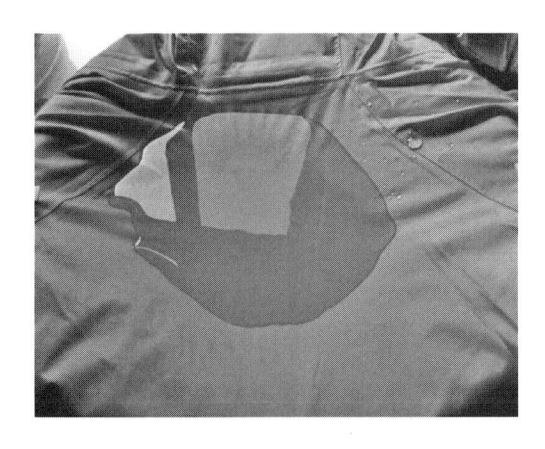

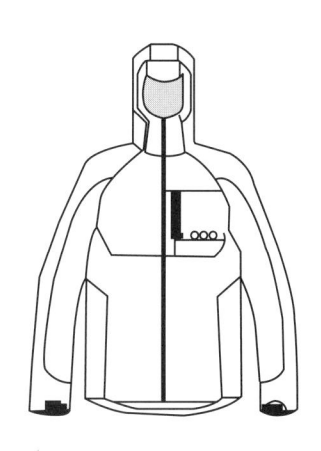

图7-11　冲锋衣的防水特性　　　　　　　图7-12　冲锋衣Logo位置示意图

Logo距后中12.5cm，距肩顶点15cm。

（六）包装分析

冲锋衣一般单件包装。包装袋外左上角应印有相应的服装尺码，并印有环保标志，应确保包装袋内整洁、防潮，且保证物品完好无损，装箱入库。

（七）辅料分析

1. 标的缝制位置（图7-13）

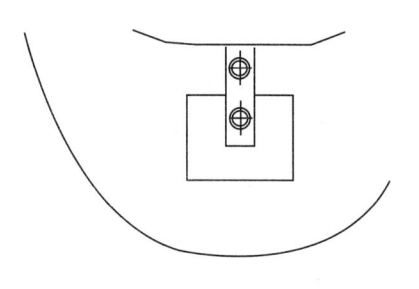

图7-13 标缝制位置示意图

主标车在后领中内的面部龟背贴上，距后领缝3cm，后背龟高男13cm，女12cm，肩缝处3.5cm。

后龟背高肩线处宽：男3.5cm，女3cm。后龟背高：男13cm，女12cm。主标下：3cm。

2. 零部件要求

①所有的松紧带，松紧绳，织带（非棉质），两端都要热切。

②所有金属鸡眼需用塑料垫片加强，如牢度不够时再加本布（如布料质地太疏松，不可用金属鸡眼，可锁眼或加贴膜激光鸡眼）。内径4.2mm的鸡眼使用2.5mm的松紧绳，内径5.6mm的鸡眼使用3mm的松紧绳或双倍2.5mm宽的松紧绳。

③所有锁眼（菊花眼和方头眼），都要在面料反面贴衬加强。所有种类的织带和松紧带，都要在两端热切，并且预缩（松紧绳亦须热缩）。

④所有的魔术贴四周都要小圆形，如图7-14所示。

⑤拉链头、拉手襻穿法，如图7-15所示。

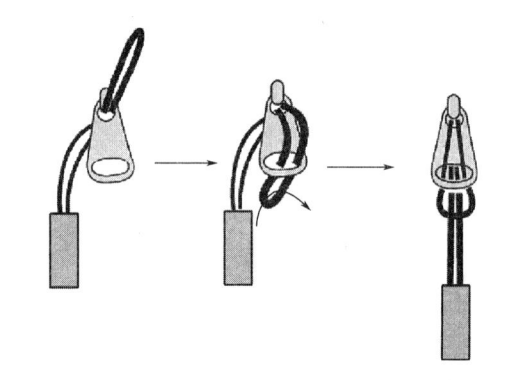

图7-14 魔术贴示意图

图7-15 拉链头、拉手襻穿法示意图

（八）冲锋衣规格检验表（表7-14）

表7-14 冲锋衣规格检验表

尺寸表				
		尺码　SIZE		冲锋衣
编号	量法代号	位置	量法	大货允许偏差
1	A	后中长	后中到后下摆	1
2	A1	前衣长	颈肩点至前下摆	1
3	B	1/2胸围	腋下十字缝下1cm	1

续表

尺寸表					
		尺码　SIZE		冲锋衣
4	D	1/2下摆	平下据左到右	1
5		总肩宽	肩点到肩点	0.6
6	C	前后落差	平下据量前后差	0.2
7	C1	面排宽	平量	0.1
8	F	袖长	颈点至袖口	1
9	F1	袖底缝长	袖底十字缝到袖口	0.5
10	F2	袖隆	肩点斜量到腋下十字缝处	0.5
11		袖肥	腋下十字缝下1cm	0.5
12	F3	袖肘	袖底缝1/2处量	0.6
13	F4	袖口拉量（有松紧）	袖口拉开量	0.5
14	F5	袖口松量（有松紧）	袖口松量	0.5
15		袖口高		0.1
16	H	前领深	颈点直量平领口（加劈门）	0.4
17	L	后领深	颈点直量平后中	0.2
18	M	领围	领缝处含拉链	0.5
19	N	外领围	上领围含拉链	0.5
20		前领高	领高	0.3
21	O	后领高	领高	0.3
22	R	帽高	颈点直量帽高	0.5
23	Q	帽宽	帽高1/2处量	0.5
24		胸袋位置	颈点往下	0.2
25		胸袋位置	胸袋距门襟中心	0.2
26		下插袋位置	底边往上 拉链开口	0.3
27		门襟拉链（有门襟）	拉链净长	0.2
28		内连按拉链	内胆连按拉链	0.2
29		插袋拉链	开口总长	0.2
30		胸袋拉链	开口总长	0.2
31		胸袋高、宽		0.2
32		内袋拉链	开口总长	0.2
33		帽子拉链	拉链净长	0.2

第八章　服装包装的技术文件编写

第一节　服装包装的功能以及分类

包装，是指产品在运输、储存、销售过程中用以保护产品的外形和质量，以及为了便于识别、销售和使用商品，而用特定的容器、材料及辅助物等方式，防止外来因素损坏商品的总称。同时包装也指为达到上述目的而进行的操作活动。

一、服装包装的功能

通常讲，商品的包装有两个主要功能：一是分发功能，即在一定程度上以最短的时间保证生产者将产品运送到买主手中，且不影响产品的质量；二是营销功能，即通过包装的外部造型设计，刺激消费者对产品的购买欲望。服装包装应具有保护功能、容纳功能、销售功能和便利功能，且经济性良好。

二、服装包装的分类

1. 按包装的用途分

有销售包装、工业包装和特种包装三类。

销售包装是以销售为主要目的的包装，它起着直接保护商品的作用，讲究装潢印刷以吸引消费者。包装上大多印有商标、说明、生产单位，具有美化产品、宣传产品、指导消费的作用。

工业包装是将大量的包装件用保护性能好的材料进行大体积包装，注重包装的牢固性，方便运输，不讲究外观设计。

特种包装用于保护性包装，其材料的构成须由运送和接受单位共同商定，并有专门文件加以说明。

2. 按包装的层次分

有内包装和外包装之分。

内包装也叫小包装，通常是指将若干件服装组成最小包装整体。内包装主要是为加强对商品的保护，便于再组装，同时也是为了分拨、销售商品时便于计算。服装的内包装在数量上大多采用5件或10件、半打或一打组成一个整体。

外包装也叫运输包装、大包装，是指在商品的销售包装或内包装外面再加一层包装。其主要作用是保障商品在流通过程中的安全，便于装卸、运输、储存和保管，因此具有提高产品的叠码承载能力，加速交接、清点、检验的功能。

3. 按包装的不同形态分

有平装和挂装两种方式。

平装是将服装按要求折叠成一定的规格、形状，再装入包装容器中的方法。平装包装整洁美观，节省空间，适用于多种服装类型。

挂装是将服装按件或套挂在特定规格、形状的衣架上再放入外包装内的方法。挂装方法有利于保护服装外形，便于清点和销售，多用于中高档西装、大衣、套装等。

第二节　服装包装的材料与部门

一、服装包装的容器和材料

服装包装所需有袋、纸盒、纸箱等容器，所需材料有不同种类的纸张、塑料薄膜和各种规格的衣架、绳、胶带等。

1. 包装用纸

种类很多，如图8-1所示。

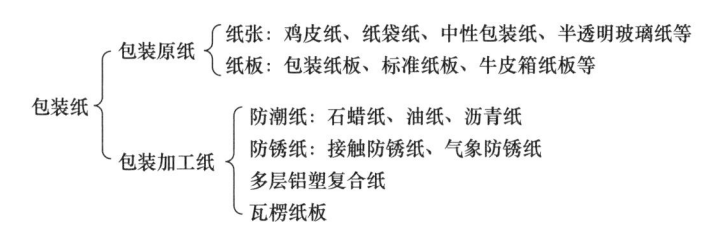

```
         ┌ 包装原纸 ┌ 纸张：鸡皮纸、纸袋纸、中性包装纸、半透明玻璃纸等
         │         └ 纸板：包装纸板、标准纸板、牛皮箱纸板等
包装纸 ─┤         ┌ 防潮纸：石蜡纸、油纸、沥青纸
         │         │ 防锈纸：接触防锈纸、气象防锈纸
         └ 包装加工纸 ┤ 多层铝塑复合纸
                   └ 瓦楞纸板
```

图8-1　包装用纸分类

这些包装用纸特性不同，用途也不同：如防潮纸具有隔湿防潮的功能，且较轻薄，多用在服装的内包装里面；纸板可作为外包装用的纸盒、折袋，也可用于服装的内包装里起承托作用，如衬衫包装；牛皮纸韧性好，强度高，可隔离空气，用途最为广泛。

2. 塑胶材料

在服装包装中，塑料薄膜因其清晰、透明、新鲜的特征被大量使用，可制成不同形状和规格的包装袋和挂装袋。

3. 衣架

衣架是吊挂衣服的支架，多用木料、塑料和金属等制成。衣架因其所挂服装不同，式样和规格也不尽相同。

普通衣架呈三角形，斜度与肩形相仿，衣架较薄、结构简单，多为木架或塑料架，节省原材料。成本较低，多用于中、低档服装或款式较随意的服装。

套装衣架适用于中高档西服、上装、大衣以及与之相配套的裙、裤等下装，架身较厚且造型更接近人体肩形，以保证服装长时间吊挂而不走形。

棍夹专为吊挂裙、裤等下装设计，有两端可调节式棍夹和一体式棍夹等式样。

真丝、针织服装易磨损、勾丝，因此吊挂真丝、针织服装的衣架需要用海绵或布料包覆。

4. 袋

袋有包装袋和挂装袋两种形式。

袋包装是最古老的而应用最广泛的包装形式之一。它具有防污染、保护内容物、储放空间小、便于输送流通等基本功能，且成本较低。袋多用纸盒、塑料薄膜制成，但自撑性较差。

包装袋用于平装服装，挂装袋用于挂装服装。根据服装及衣架的尺寸来确定规格，依所用材料、款式及档次高低，成本各不相同。

5. 纸盒

纸盒分折叠盒和固定盒两种。

纸盒包装也是较常用的形式。服装纸盒包装多为固定盒，主要有帽盖式、天地罩式、抽屉式、摇盖插嘴口式和胖顶压底板式等。

6. 纸箱

纸箱是常用的外包装形式。

纸箱的普通款式是瓦楞纸箱，最常见的是正规开槽式和中部特别开槽式。

二、服装的包装部门以及包装方法

（一）包装部门

包装部门是服装生产过程中最后一个运作部门，除了要对服装进行装饰外，还要把批量的服装按客户的要求装入箱中。由于批量的服装有可能是多个尺码或多种颜色，因此，在安排装箱时，要按客户的要求，对尺码、数量及颜色进行合理分配。

（二）服装的包装方法

1. 小包装

多以件或套为单位，以袋或纸盒为主要形式的包装，也有个别品种产品以若干件为单位进行小包装。

在小包装内的成品的品种、等级必须一致，颜色、花型和尺码规格应符合生产及订货的要求。在小包装的明显部位应注明厂名（或国名）、品名、货号、规格、色别、数量、品质等级和生产日期等。对于外销产品或部分内销需要，有时还要注明纤维原料名称、纱支及混纺交织比例和产品使用说明等。捆包要整齐，包装材料不破损、不被玷污。

2. 平装

服装整烫完成之后，按包装要求折叠整齐放入包装袋或包装盒中，漂白、浅色类服装产品应在里面加白衬纸，并衬垫白色硬板纸，以防产品玷污、变形。

3. 挂装

将整烫好的衣物挂在衣架上，外罩塑料袋。

包装时应注意衣架与服装、服装与罩袋的规格尺寸的配合；服装上的唛头、吊片等的位置是否符合要求，是否便于检查；服装的吊挂方式，尤其是下装的吊挂方式，是否易滑落等。

4. 真空包装

将服装产品装入气密性包装容器中，在密封前抽成真空，使密封后的容器内达到预定真空度的包装。

真空包装是1970年问世的包装技术，包括4个过程：①降低服装的含湿量；②把服装插进塑料袋中；③抽掉袋中和服装内的空气，使服装在袋中被压缩；④真空和压缩周期结束，将袋黏合好。

5. 大包装

一般用五层瓦楞纸箱、较坚固的木箱或麻包。

大包装箱内装货要平整，勿使包装变形。大包装的箱外通常要印刷产品的唛头标志，包括厂名（或国名）、品名、货号（或合同号）、箱号、数量、尺码规格、色别、重量（毛重、净重）、体积（长×宽×高）、品质等级和出厂日期等。唛头标志要与包装内实物内容相符，做到准确无误。

6. 立体包装

挂装好的小包装服装再吊装在有横梁的特制包装箱内，在整个运输过程中不会发生折叠和压迫，充分保持服装良好的外观，保证产品的外观质量，提高产品的价值。

服装在出厂前，经整烫定型等工艺处理后，立体感强，造型完好，但经过包装与运输后，往往会使服装折皱，但是人们对服装外形的要求却越来越高。近年来发展很快的立体包装，很好地解决了这一矛盾。立体包装多适用于中高档西装类服装。

7. 吊挂式服装集装箱

集装箱由铝合金或钢制造，外形尺寸标准化，箱内整齐排列着许多横梁和挂钩，供吊挂服装用。

服装和纺织品的国际间贸易非常多。为适应服装进出口数量大、运输周期较长的特点，吊挂式服装集装箱被广泛使用。这种包装运输方式的优点是：①免去了复杂的内外包装，节约了包装材料费用；②节省运输空间，降低运输成本；③服装不折叠、不挤压、不变形，保证质量。

（三）服装包装的设计原则

服装产品的包装设计主要指内盒、外箱、包装袋、承托材料的样式、规格的设计。设计时应该遵循几个方面的原则：

（1）根据服装材料的性能、服装产品的特点和档次，选择适当的包装材料和包装形式。

（2）包装的形状大小和构造设计要起到美化商品的作用，既要突出产品的特点，又要方便运输、搬运和携带。

（3）单件套服装的内包装材料主要采用透明度高的塑料袋包装，以方便陈列和选购。

（4）根据服装产品的装运、储存、保管等流通方式，及气候条件和环境影响等，设计出保护、可靠、经济实用的包装方案。

（5）对产品的包装进行装饰和艺术造型等装潢设计，应与产品内在质量、特征相符，同时还应考虑装潢设计与销售对象的要求相符。

第三节　服装包装实例分析

一、连衣裙包装分析示例

1. **连衣裙款式图**（图8-2）
2. **包装规格单分析表**（图8-3）

①每款产品在包装单中应有抬头，即包括款号、订单号、产品名称、规格、数量，防止款式多而搞错。订单内部编号，是生产企业为了方便沟通与存档，根据自己的情况而定的。

②包装要求：有2种情况，一种是客户严格要求。产品怎么折，中间放什么，用什么材质，多少大的胶袋，怎么装箱，甚至箱子外印什么箱唛，贴什么标签等，都需要按照客户要求来，不能差一个英文字母。操作时要求严谨、仔细。另外一种情况是客户没有这么严格，只有关键几个方面要求，其余生产企业可以按照常规自行设计包装要求。

③尺码搭配：即制作装箱单。装箱单又称包装单、码单，是用以说明货物包装细节的清单。

装箱单用于补充发票内容，详细记载包装方式、包装材料、包装件数、货物规格、数量、重量等内容，便于进口商或海关等有关部门对货物的核准。装箱单所列的各项数据和内容必须与提单等单据的相关内容一致，还要与货物实际情况相符。企业可以根据客户的包装要求如混色混码装、单色单码装、总箱数、总件数、毛重、净重等重要的信息制作成表格，交给包装部即可。

④瓦楞箱（指包装产品的纸箱）示意图：技术人员根据客户要求订购瓦楞纸箱的材质、大小，以及内部的叠放方法，外部的箱唛印刷地方，打包等要求。如有修改要及时与客户沟通，要制定详细的包装方法技术文件交给包装部门，文字不能叙述的就用图片来表示，要做到简洁明了。

⑤落款：即制单员、审核、日期等，每个款式的所有表格都必须详细具体落实到人。这样一旦出现问题，则有具体的人员负责，以提高编写人员的责任心。

⑥装箱要点：纸箱中所要装的产品以及放置的方式等要求，以图片与文字的结合更加形象。

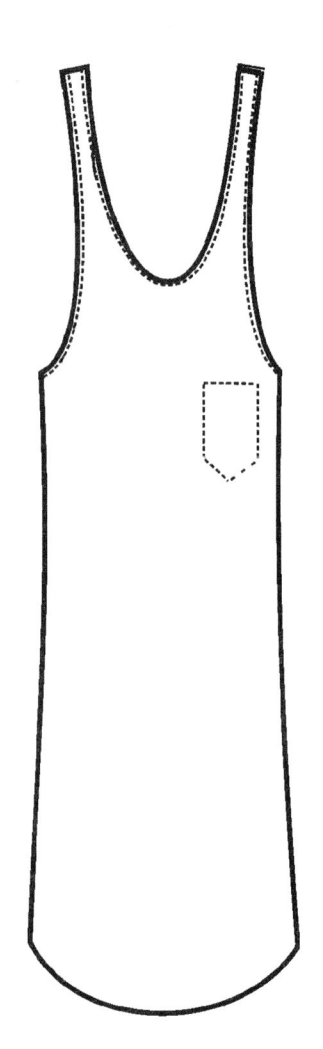

图8-2　连衣裙款式图

3. **纸箱字稿**（图8-4）

出口产品包装规格单

QR/SDN 0725　　　　　　　　　　　　　　　　　　　　　　　　　　　　　　　　　　　日期：

订单内部编码①	款　号	订单号	产品名称	规　格	数　量
f1045	xiwje045	4195328	女式背心		1720件

(一)包装要求②

1. 每_1_件/套装_1_胶袋_1_衬纸纸板　　折衣规格：_____29×38cm_____
　　　　　　　　　　　　　　　　　　衬纸规格：_____28×30cm_____
　　　　　　　　　　　　　　　　　　胶袋规格：___30×(39+5) cm___
2. 每_____件/套_____码_____色包装纸盒或纸包、塑料袋
　小纸盒规格：_____包装纸规格：_____塑料袋规格：_____
3. 每__170__件/套_独_码_独_颜色照比例装_1_出口箱
　内衬拖蜡纸、牛皮纸各一层大瓦楞箱内径规格：长：_59cm_ 宽：_39cm_ 高：_39cm_

(二)尺码搭配③

尺码＼颜色										
			独色独码，衣服一件一胶袋一衬纸							

(三)瓦楞箱示意图④

1. 衣服一件一胶袋一衬纸
2. 净重：XS：0.06kg
　　　　S：0.07kg
　　　　M：0.08kg
　　　　L：0.09kg
　　　　XL：0.1kg

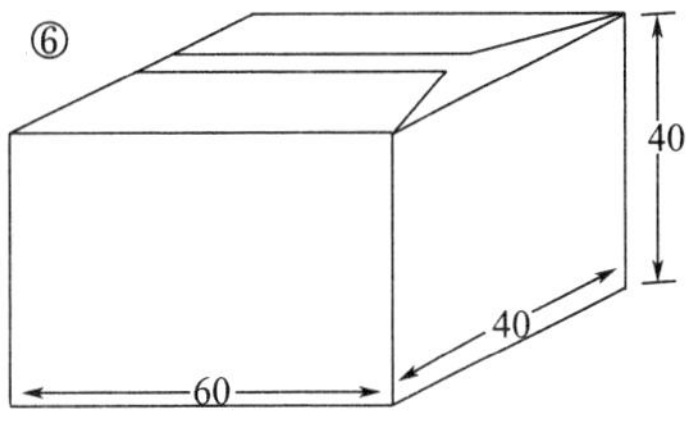

⑥ 瓦楞箱尺寸：60×40×40

⑤制表：　　　　　　　　　校对：　　　　　　　　　审核：

图8-3　连衣裙出品产品包装规格单

纸箱字稿

QR/SDN 0731

订货单位		通知日期		要求交货日期		订单内部编码	F1045	款号	XIWJE045
产品名称	双瓦楞纸箱	内径规格			数量		叠	上油	印字	刷字
		59×39×39			1720件					

要求：
1. 一件衣服一胶袋
2. 独色独码装，两排放
3. 一件衣服一拷贝纸，尺寸要符合折叠后衣服的尺寸。质地要柔软
4. 用在胶袋和吊牌上的贴纸EAN13，尺寸为3×6cm
5. 具体见包装资料

制表： 校对： 审核： 日期：

图8-4 连衣裙纸箱字稿

二、T恤衫包装分析示例

1. T恤衫款式图（图8-5）

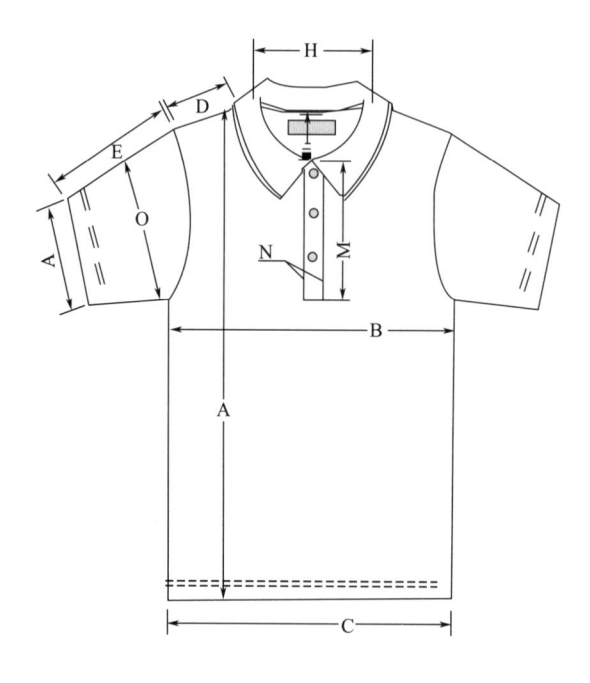

图8-5 T恤衫款式图

2. 产品包装规格单（图8-6）

出口产品包装规格单

QR/SDN 0725　　　　　　　　　　　　　　　　　　　　　　　　　　　　　　日期：

订单内部编码	款 号	订单号	产品名称	规　格	数　量
F19647	9647CR	20839/20840	门襟衫	S-2XL	

(一) 包装要求

1. 每 1 件/套装 1 胶袋 1 衬纸　　　折衣规格：　　　37×28cm
　　　　　　　　　　　　　　　　　衬纸规格：　　　20×20cm
　　　　　　　　　　　　　　　　　胶袋规格：　　　(38+5)×29cm

2. 每 44 件/套 独 码 独 色包装纸盒或纸包、塑料袋
小纸盒规格：　　　包装纸规格：　　　塑料袋规格：　60×38×60cm

3. 每 44 件/套 独 码 独 颜色照比例装 1 出口箱
内衬拖蜡纸、牛皮纸各一层大瓦楞箱内径规格：长：57cm　宽：37cm　高：27cm

(二) 尺码搭配

颜色 尺码								
				每44件独色独码				

(三) 瓦楞箱示意图

1. 此为大货，不能接受短装
2. 独色独码包装，一件一胶袋一吸水纸，印花处需放油光纸，每箱不超过12kg，箱子尺寸要适中，需要有干燥剂和上下天地盖
3. 胶袋为SARRAGAN胶袋，纸箱为ASD指定品质的无钉双瓦楞特硬纸板，绿色封箱带。正唛两面印
4. 打箱前，必须提供正确的大货封样包装给QC确认

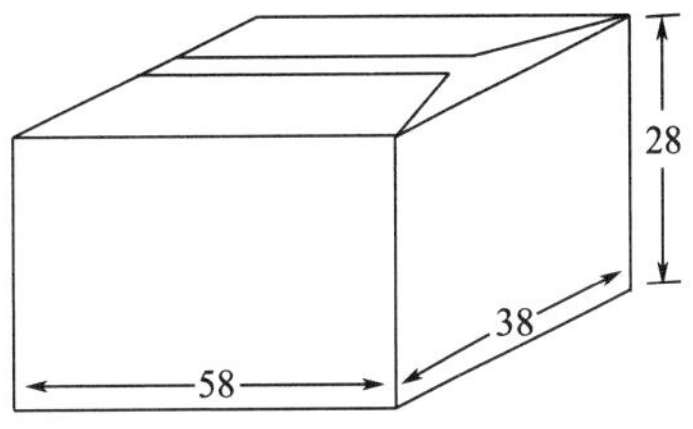

制表：　　　　　校对：　　　　　审核：　　　　　日期：

图8-6　T恤衫出口产品包装规格单

3. 纸箱字稿（图8-7）

纸　箱　字　稿

QR/SDN 0731

订货单位	宏业一分厂	通知日期	5.8	要求交货日期	6.10	订单内部编码	F19647	款号	9647CR
产品名称	无钉双瓦楞特硬纸板	内径规格		数量		叠	上油	印字	刷字
		57×37×27		1032		无	无	客供	客借

```
ASD O/N: 20839
CUSTOMER PO: POU07231
SPORTSWORLD PO: 065012
DELIVERY REF: 101
STYLE CODE: 9647CR
ARTICLE: L35181
COLOUR: RED
SIZE: 独码
QTY: 44PCS
CARTON NUMBER: __OF__
NET WEIGHT: 10.2kg
GROSS WEIGHT: 11.2kg
```

尺寸：58 × 38 × 28

要　求：
1. 箱唛具体内容见附件
2. 一件衣服净重：L：230g
3. 上下天地板：40×20cm
4. 客供箱贴纸
5. 如果箱子太空，请用硬纸板填充
6. 绿色封箱带

制表：　　　　校对：　　　　审核：　　　　日期：

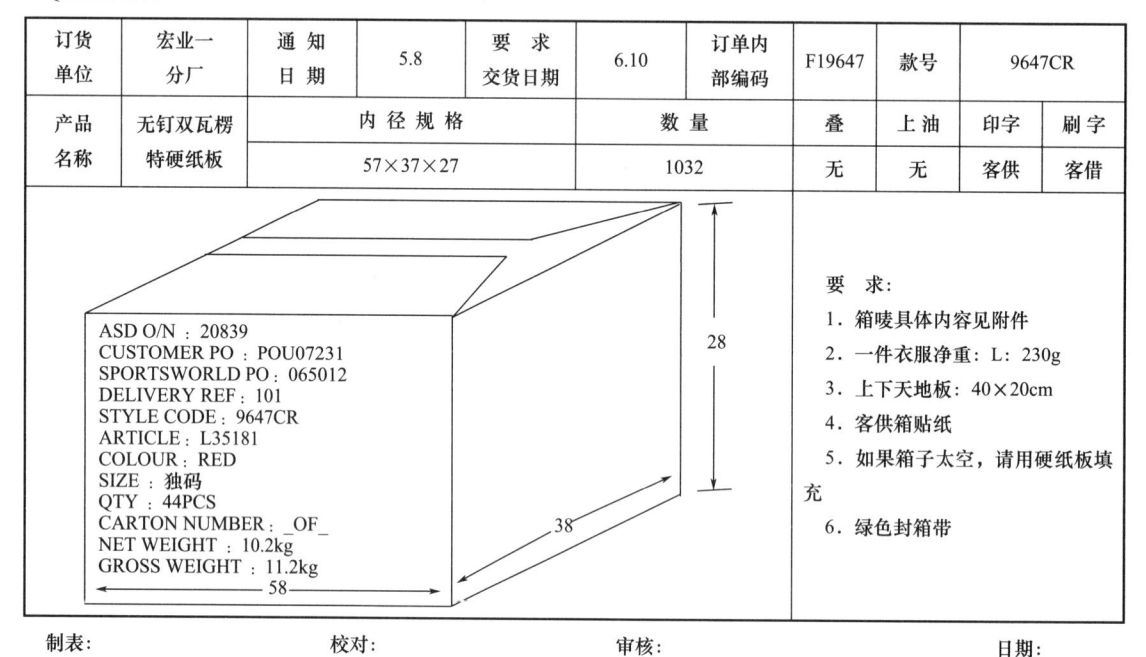

图8-7　T恤衫纸箱字稿

三、纸箱包装分析示例

（一）包装要求分析（表8-1）

表8-1　包装要求分析

名称	定义诠释	图片
折衣规格	根据客户要求把产品折成所要的尺寸，但并不一定很精确，接近即可	
衬纸规格	此衬纸用于T恤、衬衫等服装的包装，令衣物更挺，不会变皱，能保持衣物熨烫后的原样	
胶袋规格	胶袋即服装的包装袋，主要是作为服装的内包装，起到防潮、防霉、防虫等功能，内包装的生产比较简单，一般也不要什么印刷，当然也有要印一些品牌Logo和环保标记。胶袋种类有无纺布袋、PVC、PE、OPP等，服装中我们运用OPP胶袋比较多。胶袋质地脆硬，透明度高，加工工艺采用热切封机器而成	

续表

名称	定义诠释	图片
纸盒	纸盒一般用纸板经折叠、粘贴或其他连接方式制成，主要用于产品的销售包装	
蜡纸	表面涂蜡的加工纸，用来包裹东西，可以防潮。极高的防潮抗水性能和防油脂渗透性能。涂布前原纸应保持足够的干度以保证蜡液的浸透。多采用熔融浸渍涂布	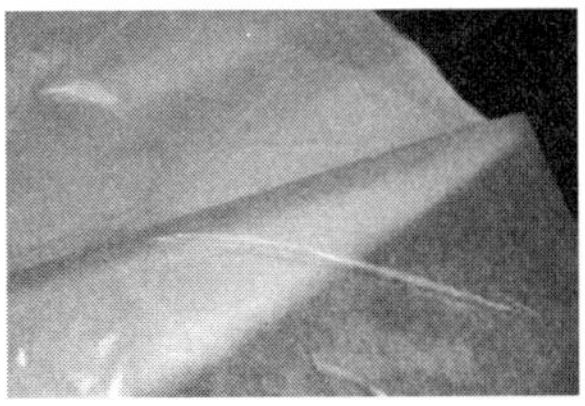
牛皮纸	牛皮纸用作包装材料。强度很高。通常呈黄褐色。半漂或全漂的牛皮纸浆呈淡褐色、奶油色或白色。定量80~120g/m²。裂断长一般在6000m以上。抗撕裂强度、破裂强度和动态强度很高。多为卷筒纸，也有平板纸	

（二）装箱颜色搭配（图8-8）

纸 箱 字 稿

QR/SDN 0731

订货单位	针织三分厂	通知日期		要求交货日期		订单内部编码	S33131	款号		23131	
产品名称	双瓦楞平口式出口箱	内径规格		数量		叠		上油		印字	刷字
		59×39×39									

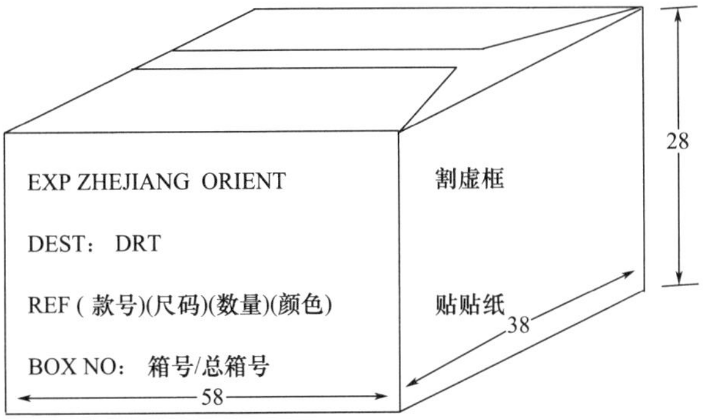

要求：
1. 此箱用于023131款
2. 无钉箱
3. 上下天地板：55×35
4. REF：款号 023131
  尺码：T38 T40 T42 T44 T46
  颜色：656 PERLE FUMEE
    862 MARRON
    900 NOIR
5. 尾箱内有不同颜色或不同尺码的要用纸板隔开
6. 最后一箱放入明细装箱单，尾箱四周打上交叉符号
7. 每件重为410g

箱图标注：
EXP ZHEJIANG ORIENT
DEST：DRT
REF（款号）(尺码)(数量)(颜色)
BOX NO：箱号/总箱号
割虚框　贴贴纸
58　38　28

制表：　　校对：　　审核：　　日期：

图8-8　装箱颜色搭配

在装箱单中再详细介绍。本款产品采用独色独码装箱，是最简单最容易的装箱方法。

（三）瓦楞箱的分析

1. 瓦楞平口式出口箱

指的是包装纸箱的箱型。包装纸箱的箱型有普通开槽箱，平口型五层箱（双瓦楞），0227型七层箱（三瓦楞）或特定式样；五层箱为360g、337g进口牛卡，180g高强瓦楞三张，适合于80kg以下的棉布、呢绒、针织布；七层箱为320g进口牛卡四张，180g高强瓦楞三张，适合于80kg以上的棉布、呢绒。

2. 包装箱的详细标准

（1）物理指标：

①纸箱含潮比率不得超过13%（±3）。

②五层箱纸箱耐压：软夹≥850kg；硬夹≥1100 kg；七层箱纸箱耐压≥1400 kg。

③耐冲击力：五层箱纸箱必须能忍受的冲击力≥120 kg；七层箱纸箱必须能忍受的冲击力≥160 kg。

（2）内在质量：

①内径规格要准确，以中线为准，高度不许有误差。

②箱型四边要端正，四角要成90°，切角整齐光洁，无凸角或漏洞，箱盖平正，对角线要相接。

③纸箱不能脱胶：中小型纸箱每4个平方厘米脱胶数不得超过1处。大型纸箱每4个平方厘米脱胶数不得超2处。

④瓦楞数：高大型（3.5mm以上）每米不少于105个楞；中型（2.5mm以上）每米不少于125个楞，而且不能有跑楞、破碎，或泛黄，不发霉、不露筋。

⑤压线规矩准确，线条明显凸起，深度适当，不得有斜线或裂线。箱身无重线，折转后两面成直角，面线宽度6～12mm，褶时不能破碎、爆裂。

⑥封面不能拼接。

⑦箱钉距离均匀，钉针要转脚，针面平，两线对齐，立线压平，箱钉穿透盘徊，不得出现重钉、断钉、漏钉、歪钉现象。

⑧内衬版尺寸准确，长宽误差±0.5mm。

（3）外观质量：

①纸箱保持清洁，不能有污损，或脚印，左右两片不能搞错；

②印刷字迹清晰、正确、鲜艳、色泽一致；

③纸箱大面摇盖加盖商检局生产许可证。

针对高密度聚乙烯薄膜、低密度聚乙烯薄膜、聚丙烯薄膜经过传电热合成型的，适用于纺织品出口包装的材料按标准执行。

（4）印刷：

①字迹图案正确清晰、色泽光亮，油墨均匀，不露底；

②字迹图案，不粘色、不脱色、套色整齐无误。

（5）外观：

①烫缝线路平直、清晰、牢固、浓线适度，烫缝处不得有重叠、活折现象；

②不允许有明显焊化、皱纹，或烫牢变形；

③塑料袋易于揭开，开口性好；表面不允许有明显的条纹、云雾、杂质、鱼眼、僵块、气泡、穿孔、破裂、活折等现象；

④筒子纱袋冲剪部位不得有缺口或重刀现象；

⑤焊缝拉伸强度每平方厘米≥5牛顿。

3. **包装箱的内径规格**

包装箱是个立体箱，有长度、宽度和高度。上述表格的内径是59cm×39cm×39cm，分别表示为长、宽、高。外径尺寸应为60cm×40cm×40cm，相差1cm是纸箱的厚度。内径尺寸是纸箱的最大容量，不可超出这个容量，否则外观效果会很差。包装箱的规格有很多种，在选择时要根据装箱单的要求，也就是客户提供的资料。

4. **箱唛**

箱唛是指印在外箱上的一些信息，包括产品的名称、规格、装箱数量、毛净重以及外箱尺寸、中国制造等。箱唛分为正唛和侧唛。正唛就是印在箱子正面的唛头，侧唛是印在箱子侧面的唛头。

四、装箱单制作分析示例

（一）装箱术语

1. **装箱方式**

指此箱中服装的数量、颜色等的搭配方式。

服装共有单色单码（solid color/size）、单色混码（solid color/assorted size）、混色单码（assorted color/solid size）和混色混码（assorted color/size）4种装箱方式。

（1）单色单码。一个外箱中仅有一个颜色一个尺码的服装。这是目前服装出口最常用的装箱方式之一。

（2）单色混码。一个外箱中只有该订单中的一个颜色，但包含该订单中这个颜色的多个尺码服装。一般尺码放入的比例要按照细码表的搭配比例。

（3）混色单码。一个外箱中只有该订单的一个尺码，但包含该订单中这个尺码的多个颜色的服装。颜色比例也要按照细码表的比例搭配。

（4）混色混码。一个外箱中要包含这个订单中的所有颜色的所有尺码的服装。装箱比例要按照细码单的搭配比例。

2. **尾箱**

装箱过程中，对于不能满足客户要求的剩余数量按尾箱处理，箱号排在正常箱号的尾端，称之为"尾箱"。通常尾箱的比例不超过总箱数的5%。

（二）装箱计算

1. **单色单码装箱方法**

（1）例1：

现有一个订单，资料如下：

尺码	6	8	10	12
数量（件）	120	168	216	96

试以单码24件一箱包装，其装箱明细如何设计？

方法：

①先求出这张订单需装箱的总箱数：（120+168+216+96）÷24=25（箱）

②由于是单码装箱，所以每个尺码的箱数为：

6码：120÷24=5（箱）　　　　8码：168÷24=7（箱）

10码：216÷24=9（箱）　　　12码：96÷24=4（箱）　　　共25箱

算出所有尺码数的箱数后，把数据填入下列装箱明细表（表8-2）里。

表8-2　单色单码装箱明细表

箱号	箱数	总件数	尺码			
			6	8	10	12
1~5	5	120	120			
6~12	7	168		168		
13~21	9	216			216	
22~25	4	96				96

（2）例2：

某一企业订单尺码与数量资料如下：

尺码	S	M	L	XL
数量（件）	96	186	189	129

试以单码24件一箱分配包装。

方法：

①总箱数 =（96+186+189+129）÷ 24=25（箱）

②各尺码的箱数：

S码：96÷24=4（箱）　　　　　　M码：186÷24=7（箱）　　余18件

L码：189÷24=7（箱）　余21件　　XL码：129÷24=5（箱）　余9件

整箱数：4+7+7+5=23箱　　　　　余下的总件数为：18+12+9=48件

混码箱数为：48÷24=2箱

在订单中可能会出现这样的情况，如果箱数出现小数，则只能将余数的几个码混合装箱。至于余数的分配，要选择最佳的方法。如将9件拆成6件+3件，那么，18件+6件=24件，21件+3件=24件，故装箱表如表8-3所示。

表8-3 单色单码装箱明细表

箱号	箱数	总数	颜色	尺码			
				S	M	L	XL
1~4	4	96		96			
5~11	7	168			168		
12~18	7	168				168	
19~23	5	120					120
24	1	24			18		6
25	1	24				21	3

2. 单色混码装箱方法举例

例：某订单尺码及数量如下：

尺码	S	M	L	XL	XXL
数量（件）	100	200	400	200	100

试以24件为一箱，混码装箱，它的包装明细表如何设计？

方法：

①先计算出总箱数=（100+200+400+200+100）÷ 24 = 41箱 余16件。

②再计算出每个尺码在每箱的件数：

S码：100÷41=2件/箱 余18件

M码：200÷41=4件/箱 余36件

L码：400÷41=9件/箱 余31件

XL码：200÷41=4件/箱 余36件

XXL码：100÷41=2件/箱 余18件

整箱件数：2+4+9+4+2=21件，也就是一箱只有21件，每箱少了3件。考虑在1~18箱中，将S、M、L码各加1件，即：

尺码	S	M	L	XL	XXL
件数	3	5	10	4	2
余数（件）	—	18	13	36	18

再在19~36箱中，将M、XL、XXL码中各加1件，即：

尺码	S	M	L	XL	XXL
件数	2	5	9	5	3
余数（件）	—	—	13	18	—

再在37~41箱中，将L码加1件，XL码加2件，即：

尺码	S	M	L	XL	XXL
件数	2	4	10	6	2
余数（件）	—	—	8	8	—

余下的件数作为第42箱，即：

尺码	L	XL
件数	8	8

第42箱为扫零箱。

装箱明细表如表8-4所示：

表8-4　单色混码装箱明细表

箱号	箱数	总数	颜色	尺码				
				S	M	L	XL	XXL
1~18	18	432		3	5	10	4	2
19~36	18	432		2	5	9	5	3
37~41	5	120		2	4	10	6	2
42	1	16				8	8	
总数	42	1000						

（三）装箱明细表缮制

以下是某企业生产订单明细，实际生产数量和尺码如表8-5所示，请缮制装箱明细表。

装箱要求：36件/箱，都是单色混码，出运美国、德国。

表8-5　订单明细表

订单号	颜色	S	M	L	XL	合计	交期	发往地点
825037	黑色组	8	32	43	31	114	11月26日	美国
824037	拼色组	36	93	113	52	294	11月26日	美国
835690	黑色组	124	187	140	36	490	11月26日	德国
835690	拼色组	166	267	229	85	747	11月26日	德国

发往美国、德国的装箱明细设计：

（1）先求出这张订单需装箱的总箱数。

（2）根据单码装箱要求，分别计算各码箱数。余数做单色混码处理，最后混色混码处理。算出所有尺码的箱数后，把数据填入装箱明细表（表8-6、表8-7）。

表8-6　发往美国的女式大衣装箱明细

箱号	箱数	颜色	尺码				每箱件数	总数	每箱净重（kg）	每箱毛重（kg）	纸箱尺寸（cm）
			S	M	L	XL	36	36	14	15	60×40×30
1#	1	黑色组		36			36	36	14	15	60×40×30
2#	1	黑色组	4	32			36	36	14	15	60×40×30
3#	1	黑色组	4		1	31	36	36	14	15	60×40×30
4#	1	拼色组	36				36	36	14	15	60×40×30
5~6#	2	拼色组		36			36	36	14	15	60×40×30
7~9#	3	拼色组			36		36	36	14	15	60×40×30
10#	1	拼色组				36	36	36	14	15	60×40×30
11#	1	拼色组		21		15	36	36	14	15	60×40×30
12#	1	黑色组			6		12	12	7.5	8.5	60×40×15
		拼色组			5	1					
总计		黑色组	8	32	43	31		114			
		拼色组	36	93	113	52		294			
								408			
合计	12	60cm×40cm×30cm×11箱=0.792m 60cm×40cm×15cm×1箱=0.036m							119.5	128.5	0.8228

表8-7　发往德国的女式大衣单色混码装箱明细表

箱号	箱数	颜色	尺码				每箱件数	总数	每箱净重（kg）	每箱毛重（kg）	纸箱尺寸（cm）
			S	M	L	XL	36	36	14	15	60×40×30
1~10#	10	黑色	9	14	11	2	36	360	14	15	60×40×30
11~13#	3	黑色	9	15	11	2	36	108	14	15	60×40×30
14~33#	20	拼色	8	13	11	4	36	720	14	15	60×40×30
34#	1	拼色	6	7	9	5	36	36	14	15	60×40×30
		黑色	7	2							
35#	1	黑色				10	10	10	6	7	60×40×15
总计		黑色	124	187	143	36		490			
		拼色	166	267	229	85		747			
								1237			
合计	35	60cm×40cm×30cm×34箱=2.448m 60cm×40cm×15cm×1箱=0.036m							482	517	2.484

参考文献

[1] 周爱英. 服装外贸理单跟单实务 [M]. 上海：东华大学出版社，2011.
[2] 万志琴，宋惠景. 服装生产管理 [M]. 北京：中国纺织出版社，2008.
[3] 刘红晓. 服装生产管理 [M]. 上海：东华大学出版社，2009.